진 에드워드의 책_대장간

『오래된 교회, 가정집 모임』

『유기적 성경공부』

『가정교회 팡세』

『믿음의 정상에 오를 때』

『이교도의 신학교육을 넘어』

『장로직을 다시 생각하다』

『유기적 평신도 교회』

『기독교가 상실한 유산들』

『신약성경과 급진적 삶』

기독교가 상실한 유산들

공동체와 사귐의 뿌리

진 에드워드

박 인 천 옮김

기독교가 상실한 유산들
– 공동체와 사귐의 뿌리

지은이 진 에드워드 Gene Edwards
옮긴이 박 인 천
초판 2020년 4월 18일

펴낸이 배용하
책임편집 배용하
등록 제364-2008-000013호
펴낸곳 도서출판 대장간
www.daejanggan.org
등록한곳 충남 논산시 매죽헌로 1176번길 8-54, 101호
대표전화 전화 041-742-1424 전송 0303-0959-1424

분류 기독교 | 공동체 | 교회사
ISBN 978-89-7071-515-5 03230
CIP제어번호 CIP2020014059

값 10,000원

차 례

감사 글

제리 코울터에게 깊은 감사의 마음을 전한다. 그는 녹음테이프에 담긴 나의 강연들을 이렇게 보기 좋고 쓸모 있는 책으로 편집해 주었다. 이를 위해 그가 쏟은 수고는 매우 고된 것이었다.

이 책이 출판되기까지 거듭거듭 강연 원고를 다듬었던 제니 제프리의 말할 수 없는 수고를 언급하지 않을 수 없다. 그 수고들이 이 책을 출판할 수 있게 했다.

들어가는 말

내가 이 책에서 나누는 내용들은 스물아홉 살 무렵, 내 양심의 소리를 좇아 1년간 목회를 쉬면서 갈무리했던 것들이다. 나는 그때 1세기에 실제로 일어났던 일들을 알아야겠다는 절박한 필요를 느끼고 있었다.

나는 여기저기서 성경구절을 발췌한 후 거기에 교리나 가르침을 덧붙이려 시도하지 않았다. 그 대신 연속적으로 이어지는 한 편의 이야기를 연대순으로 완성한 후, 그 이야기 스스로가 말하는 것이 무엇인지를 눈여겨보았다. 거기엔 하나님의 심오한 손길이 드러나고 있었다.

그리고, 내 인생도 거기서 영원히 바뀌어버렸다.

7년 후 나는 "주춧돌(foundation stone)"이라는 주제로 그렇게 찾아낸 메시지들을 사람들에게 전했다. 그 후 몇 년이 지나 시리즈로 이 메시지를 강연하게 되었을 때도, 나는 "주춧돌"이란 그 제목을 그대로 사용했다. 만약 제리 코울터(Jerry Coulter : 『바라보기 그리고 닮아가기*Beholding and Becoming*』" 의 저자)의 수고가 없었다면 이 강연 원고들은 그저 먼지에 쌓인 채 지금껏 방치되고 있었을 것이다. 그의 수고로 이 원고들이 일목요연하게 정리되었고 그는 이 일을 위해 오랜 시간동안 큰 수고를 쏟아야 했다.

그의 수고를 거쳐 이 강연 원고들이 한 권의 책으로 나왔을 때에서야 나는 비로소, 꼭 이루어졌어야 할 일이 완성되었음을 알게 되었다. 『신의 열애*The Divine Romance*』를 제외한 나의 다른 어떤 책보다도 이 책의 내용에 나는 심혈을 기울였다. 그럼에도 『세 왕 이야기』나 『3호실의 죄수』 아니면 나의 다른 저서들에서 발견되는 감동들이 이 책에선 쉽게 드러나지 않을 수도 있다.

이 책의 내용과 깊이, 그리고 이 책이 계시하는 메시지는 나 자신도 수용하기 만만치 않다! 그리스도의 계시, 그리고 그 분이 일하시는 방식은 늘 사람들의 이해를 넘어서기에 어쩌면 이 책은 앞으로도 수용하기 버거운 책으로 남게 될는지 모른다. 그런 사실에도 불구하고 이 책이야말로 나의 모든 저서들 중 가장 중요한 작업이었음이 드러날 때가 올 것이다.

이 책을 읽게 될 사람들이 많지 않을 것을 나는 잘 알고 있다. 그러나 이 책의 각 페이지에서 다루는 주제들이 결국 우리가 다뤄야 할 궁극적인 주제들임을 발견하는 소수의 사람들이 분명 존재할 거라고 나는 확신한다.

그래서 감히 이 책을 모든 신자들에게 추천한다. 그리고 이 책을 읽는 모든 독자들에게 부탁한다. 이 책을 당신이 만나는 기독교 사역자들의 손에 전해 달라!

이 책에서 아무런 유익을 얻지 못하거든 그것을 나의 부족함과 미진함으로 돌려 달라. 그러나 깊은 감동이 흘러나온다면 그것은 예수 그리스도께서 그 분 자신의 비밀한 길을 당신에게 계시해주고 있음을 믿어도 좋다.

나는 출판사에 이 책을 최소권수로 인쇄할 것을 부탁했다. 이 책을 읽을 독자들이 한정되어 있음을 알고 있었기 때문이다. 그럼에도 불구하고 이 책은 내가 썼던 다른 어떤 책들보다 중요한 내용을 담고 있다고 믿어도 좋다.

이 책에 적당한 제목을 붙이는 일은 내게 가장 어려운 일중의 하나였다. 내가 죽은 후에라도 이 책에 다른 제목이 붙는 것을 나는 기꺼이 환영한다.

부디 급진적인 젊은이들, 그리고 기독교의 현재 관행들을 도무지 인내할 수 없는 여인들이 이 책을 읽게 되기를!

그런 사람들을 알고 있다면 당신이 이 책을 그들의 손에 선물해 달라!

이 책의 후속편도 준비되어 있다. 그리스도와 다소의 바울이 하나님의 일꾼들을 세워내는 방식을 다룬 책이 그것이다.

1
A.D. 18년 나사렛

때는 A.D. 18년이다.

장소는 나사렛.

같은 마을의 세 젊은이가 모두 스물한 살이 되었다. 그들은 모두 자신들의 진로에 대한 선택을 앞두고 있었다. 두 젊은이는 오늘날 우리 복음주의 신자들이 흔히 선택할 만한 그런 결정을 내렸다.

그리고 그들의 결정은 썩 좋은 선택이 아니었다. 오늘 우리들의 선택이 흔히 그렇듯 듣는 모든 사람들이 환영할 만한 그런 선택. 아주 인간적인! 또한 논리적으로 타당한! 우리가 신앙적인 선택이라고 말하기 쉬운! 하지만 잘못된 … 그런 선택!

오직 세 번째 젊은이만 하늘에 속한 그런 결정을 내렸다.

세 젊은이들! 그들의 이름은 마티아스, 스반, 그리고 예수였다.

어느 날 아침, 마티아스는 그의 소지품들을 챙겨 친구 예수에게 작별인사를 고했다. 그리고 예루살렘으로 올라가 성전 부근에 방을 얻고, 스물한 살의 나이로 **율법학자**의 길을 걷기 시작했다. 그가 이제 걷기 시작하는 그 길은 당신과 내가 목사가 되기 위해 준비하는 그런 과정과 실제로 일치한다. 하지만 그때나 지금이나 그것은 **인위적인 방식**이다.

일꾼을 세우시는 하나님의 방식은 이와 다르다. 그 분의 방식을 우리는 오래전에 잃어버렸다. 그러나 우리가 잃어버렸다고 해서 그 방식이 사라진 것은 아니다. 그 방식은 여전히 존재한다. 하나님 안에서!

예루살렘으로 올라가라! 거기서 9년간 율법교사들 밑에 앉아 배우라! … 이것이 과연 훌륭한 발상일까? 우리가 흔히 취하는 방식이지만 그것은 결코 좋은 방식이 아니다. 이 방법은 훈련받는 사람들의 믿음을 죽인다. 하나님의 부름 받은 사람들을 이런 식으로 훈련시키려는 시도를 우리는 멈춰야 한다. 모두가 멈출 수 없다면 다만 몇 명이라도!

그런 방식의 훈련은 그저 잘못된 것으로 끝나지 않는다. 그것은 실로 위험스럽기까지 하다.

마티아스가 고향 나사렛을 떠나 예루살렘에 들어간 지 12년째 되던 해, 그는 예수 그리스도를 십자가에 넘기는 일에 참여한다.

그렇다면 스반은? 그 역시 배낭을 싸더니 예수에게 작별인사를 고하러왔다. 그리고 **제사장**이 될 사람들에게 필요한 9년 동안의 훈련과정을 이수하기 위해 예루살렘으로 향했다. 그가 받게 될 훈련의 방식 역시 옳지 않았다. 12년 후, 그 역시 예수를 못 박는 일에 가담하게 된다.

두 사람이 받았던 훈련의 방식은 오늘날 하나님의 일꾼들이 훈련받는 그 방식과 너무도 흡사하다 … 바로 성경학교와 신학교!

전통적인 교육제도야 그렇다 치자. 오늘날 복음주의 기독교 안에서 가장 급진적이고 창조적이며 신선한 운동으로 여겨지는 **가정교회 운동**을 보라. 그들이 하나님의 일꾼들을 어떻게 세우는지 들여다보자.

마티아스, 스반과 짝을 이룰 우리 시대의 두 젊은이, 매트와 패트가 여기 있다.

하나님의 부르심을 받은 이후 매트는 여러 가정교회들을 개척하며 헌신해 왔다. 그가 사람들에게 가르치는 말을 가만히 들어보라. 그가 구사하는 모든 문장마다 반찬의 양념처럼 들어가는 말이 있다. "성경을 알아야 합니다." "조심하세요. 성경이 하나님의 말씀임을 믿지 않는 그들이 바로 거짓교사들입니다." "성경은 우리에게 교회의 질서를 지키라고 말씀합니다."

이만하면 훌륭한 가르침 아닌가! 이만하면 하나님의 말씀에 순종하는 젊은이가 아닌가! 좋다. 매트 본인이야 하나님의 말씀에 헌신하는 사람이라 치자. 그러나 거기 가정집 거실에서 이 가르침을 받는 사람들은 대체 뭘 어쩌라는 말인가? 매트는 여러 가지의 가르침으로 그들을 이끈다. 성경의 이곳저곳에서 말씀을 뽑아내어 그것을 "순전한 하나님의 말씀"이라고 가르친다. 그리고 그 말씀에 근거하여 사도와 장로와 집사들이 어떤 사람들인지를 설명한다. 그는 머잖아 이 말씀에 근거하여 그가 개척한 가정교회 안에 장로와 집사들을 세울 것이다. 그리고 그렇게 세워진 일꾼들은 매트가 "성경의 말씀"이라고 가르친 바로 그 장로, 집사에 부합하는 인물들이 될 것이다.

매트는 놀라울 만큼 성경을 잘 안다. 다만 한 가지 흠이 있다. 자신이 가르치는 그 구절들이 성경의 어느 곳에 기록되어 있는지는 잘 알고 있지만, 정작 가정교회를 개척한 매트 본인이 가정교회 안에 몸담았던 경험은 없다. 그는 이론에 근거하여 가정교회를 시작했다. 그보다 더 치명적인 결함은 매트가 예수 그리스도를 잘 모른다는 사실이다. 그가 지금까지 가르쳐왔던 성경말씀은 객관적인 사실, 즉 정보들이다. 그리스도를 **개인적으로 만난 경험**이 그에겐 … 없다!

오늘 우리가 일하는 관점에서 보면 매트는 잘 훈련된 사람이다. 그럴지라도, 그에겐 그리스도인의 삶이 어떻게 이뤄지는지, 그리스도를 어떻게 경험하는지에 대한 지식은 … 없다. 그런 지식들이 **1세기 스타일의 에클레시아 생활**과 깊은 관련이 있다는 사실조차 그는 모르고 있다. 무엇보다 매트가 사역자의 길에 들어서는 그 방식부터 1세기 방식, 즉 하나님의 방식과 일치하지 않는다.

예수 그리스도 안에는 그분만의 독특한 방식이 하나 존재한다. 일꾼을 **세워내시는** 그분만의 독특한 방식. 그리스도인의 삶을 위해 **필수적인** 한 가지 방식. 교회를 **세우시는** 유일한 방식. 1세기 스타일의 교회생활을 가능케 했던 바로 그 한 가지 방식.

매트는 성경에 깊이 빠져있다. 아니 정확히 말하면 매트 자신이 알고 있는 그 성경에 헌신적이다. 그래서 매트 자신이 교회생활에 역기능을 끼칠 수 있다는 가능성을 그는 조금도 염두에 두지 않는다.

그리스도를 아는 것, 그리고 교회생활 가운데 그리스도를 경험하는 것이 그에겐 신약성경을 읽고 연구하는 일에 좀 더 많은 시간을 할애하거나 그 말씀을 가르치고 오래 기억하는 것을 의미한다.

만약 당신이 매트에게 이 사실을 지적한다면 그는 화를 낼 것이 분명하다. 그의 방식을 방어하기 위해 매트는 다시 여기저기서 성경 구절을 뽑아내어 인용할 것이다. (성경말씀을 인용하는 것, 이것은 하나님의 방식이 아니다.)

매트가 알고 있는 성경은 그 자신의 성경일 뿐이다. 바로 21세기 우리들의 스타일! 만약 그가 마티아스의 자리에 있었다면 기꺼이 마티아스를 대신해 예수 그리스도를 못 박게 될 것이다.

그럴 리가?

그가 어느 날 예수를 만났다. 그런데 예수께서 매트가 성경을 대하는 방식으로 성경을 대하지 않으신다. 심지어 성경을 가볍게 여기는 태도가지 보이신다. (물론 매트가 보기에!) 그때 매트는 십자가에 못 박히는 예수를 방어하는 자리에 결코 서지 않을 것이다. 예수를 지키기보다는 "하나님의 말씀을 소중히 여기는 자신의 방식"을 지키려 할 것이다.

사람의 방식에는 늘 한 가지의 문제가 따른다. 그것을 하나님의 방식이라고 믿어버리는 것, 그것이 문제이다.

사랑하는 독자들이여. 복음주의 기독교인들의 사고방식이란 그런 식이다. 그들이 기독교 사역자들을 훈련시키는 방식이 바로 그 한 단면을 드러낸다. 그것은 하나님의 방식이 아니다. 교회를 세우는 그들의 방식이나 교회생활을 하는 방식 역시도 하나님의 방식과 일치하지 않는다. 일상에서 그리스도와 살아있는 관계를 맺는 것이 무엇인지를 세상에 증언하는 그들의 방식 또한 옳지 않다. 한마디로 "그리스도인으로 살아가는 우리의 방식"은 그리스도로부터 벗어나 있는 것이 분명하다. 다시 한 번 말하지만 복음주의 사고방식은 폐기될 필요가 있다.

이 모든 것들을 다시 시작하기 위해 하나님의 방식을 재발견하도록 돕는 것이 이 책의 지향점이다.

매트를 살펴보았으니 이제 패트에게로 가보자. 패트는 갈릴리의 청년, 스반과 짝을 이룰 우리 시대의 인물이다. 그는 **성직에** 깊이 **사로잡힌** 사람이다. 패트 역시 가정교회를 시작하고 있다. 본인은 인정하지 않을지 몰라도 패트의 궁극적인 목적은 자신이 시작한 가정교회에서 평생 담임목사로 사역하는 것이다. 그가 가르치는 성경말씀이 아무리 새로운 말씀이든, 그가 어떤 신념을 품고 있든 상관없이!

그럴 리가?

패트는 그가 개척한 가정교회 안에서 모든 일의 중심역할을 한다. 그와 함께 모이는 사람들은 그의 얼굴만 주시하고 있다. "모든 문제에 대한 모든 답"을 패트가 가지고 있다. 적어도 그와 함께 하는 사람들은 그에게 그런 인상을 받는다. 패트는 현대판 제사장이다. 모든 제사장들이 그러하듯 하나님의 백성들(이 경우엔 가정집에서 패트와 함께 모이는 사람들)은 언제나 그를 의존할 수밖에 없다. 이 사실을 다르게 포장할 수 있다면 당신이 다른 방식으로 포장해보라. 어떤 색으로든 다시 색칠해보라. 표현이 맘에 안 들거든 당신이 원하는 다른 표현을 사용해보라. 그래도 거기에서 흘러나오는 것은 "성직"이라는 두 글자이다.

패트는 신학교에서 3년을 보낸 후 약 4년 동안 목회를 해오는 중이다. 거기엔 예수께서 갈릴리의 목공소에서 보낸 10년의 훈련과정과 일치하는 부분이 없다. 그 분이 펼치신 4년의 사역과 닮은 부분도 눈에 띄지 않는다. 교회를 개척하고 하나님의 일꾼들을 세워냈던 바울의 방식도 패트의 방식과 닮은 구석이 없다.

패트의 훈련과정이나 사역엔 여러 문제점이 있다. 그중 가장 눈에 띄는 문제는 그가 보통 사람처럼 보이지 않는다는 점이다. 옷 입는 것도 말하는 억양도 일반 사람들과 다르다. 장미를 다른 어떤 이름으로 불러도 장미는 여전히 장미일 뿐이다. 성직자를 다른 어떤 이름으로 불러도 그는 여전히 성직자일 뿐이다. 그가 긴 가운을 걸치고 있지 않더라도 말이다.

패트의 경우엔 좀 더 미묘한 문제까지 숨어있다. 그는 결국 에클레시아를 발견하지 못할 것이다. 다시 말하면 에클레시아의 온전한 생활 즉, 교회생활의 깊이를 결코 발견하지 못할 것이다. 그가 중요하게 여기는 것은 오직 목회사역이다. 다른 무엇보다 **우선**적으로 그에게 중요한 것은 자신의 목회사역이다. 그의 기준은 오직 **성직**, 즉 **목회사역**이라는 말이다. 패트, 그리고 패트와 같은 부류의 사람들에겐 오직 자신들의 목회사역을 위해 교회라는 현장이 필요할 뿐이다. 하나님의 백성들은 그들의 목회사역을 완성하는데 필요한 요소로 존재한다. 처음부터 끝까지 그들에겐 하나님의 교회가 자신들의 목회사역을 위한 현장일 뿐이다.

그렇게까지 말할 필요가?

패트는 결코 목회에서 손을 떼지 않을 것이다. 그는 영원히 가정교회에 속한 사람들을 지도하며 살고 싶어 할 것이다. 사람들은 계속 그에게 배우려 할 것이다. 영원히 지도를 받을 것이고 영원히 듣다가 인생을 마감할 것이다 … .영원히! 이보다 더 비극적인 것은 그렇게 "듣다가" 인생을 마감하는 사람들 역시도 평생 성직자중심의 사고방식을 가지고 있다는 사실이다. 그들은 목사가 자신이 개척한 교회를 **떠나고**, 홀로 남겨진 평신도들의 손에 교회 전체가 위임된다는 말의 뜻을 아예 이해하지도 못한다. 아니 그런 개념 자체를 꿈도 꾸지 못할 것이다. 패트 역시 **떠난다는 것**이 무엇을 의미하는지 결코 모를 것이다. 패트에게서 배우는 하나님의 백성들 역시 **남겨진다는 것**이 무엇을 의미하는지 모를 것이다. 패트, 그리고 그와 함께 모이는 사람들, 그들 모두는 **교회생활**이 무엇을 말하는지 모를 뿐 아니라 발견하지도 못할 것이고 경험하지도 못할 것이다. 결코!

그러나, 그럼에도 불구하고 그 경험은 하나님의 방식으로 여전히 존재하고 있다.

이 그릇된 사고방식, 즉 한 쪽은 영원히 말하는 입만 가지고 있고 한 쪽은 영원히 듣는 귀만 가지고 있어야 한다고 믿는 그것이 바로 복음주의 사고방식이다. 그것은 반드시 폐기될 필요가 있다.

그렇다면 하나님의 방식이란 무엇인가? 그것은 그리스도인인 당신과 내가 **우선적**으로 경험해야 할 교회생활을 의미한다. 만약 이 글을 읽는 당신이 사역자라면 당신은 먼저 이 에클레시아의 생활을 경험한 **후에** 사역자가 되어야 마땅하다.

교회생활이 무엇을 의미하는지 모른 채 목회자가 된다면 **교회생활을 말할 수**는 있겠지만 **교회생활을 낳는 사람**은 결코 되지 못할 것이다. 당신 자신의 삶에서나 다른 이의 삶에서나!

교회생활은 "**그것**"이 아니다. 교회생활은 살아있는 **생물, 그녀를** 의미한다. 당신은 그녀와 **만난** 후에 그녀 안에서 성장할 운명을 가지고 태어났다.

예수 그리스도께서도 이미 교회생활을 경험하셨다. **그 후**에 사역을 시작하셨다. 1세기의 다른 모든 그리스도인 사역자들 역시 마찬가지다. 이 부분이 그동안 간과되었다!

회심, 그리스도 중심의 삶, 교회생활, 이것을 경험한 후에 사역이 뒤따르는 것이다. 그것이 하나님의 방식이다.

우리는 지금까지 패트라는 한 젊은이가 기독교사역자가 되어가는 과정에서 경험하는 왜곡된 방식들을 둘러보았다. 갈릴리의 젊은이 마티아스처럼 매트와 패트는 **그리스도인의 삶이 어떻게 이뤄지는지**에 대한 지식이 없었다. 이 또한 그동안 믿을 수 없을 만큼 간과되어 온 부분이다. **예수 그리스도를 깊이 알고 경험하는 것**은 매트와 패트 안에서 결코 개인적으로 경험된 지식이 아니었다. 무엇보다 패트는 **에클레시아**에서 자신을 노출시킬 시간조차 충분히 보내지 못했다. 당연히 에클레시아에 대한 경험적인 지식이 그에겐 존재하지 않는다. 매트와 패트, 이 두 사람은 적절한 훈련과정을 경험하지도 못했고 예수 그리스도와 바울의 방식에 대해서도 무지하다.

패트는 가르치는 일에 능하다. 예언의 은사도 있다. 심지어 기독교의 문제점을 파악하는 예리한 안목도 가지고 있다. 그가 가진 이 모든 것을 거룩한 것으로 인정해주자. 그럴지라도 그가 가진 그 거룩한 것들이 **보이지 않는 영역**을 다룰 때는 별 소용이 되지 않는다.

여러분의 세대에, 하나님의 영원한 방식, 그 고대의 방식이 다시 발견될 수 있기를 염원한다!

우리가 둘러본 내용들을 다음 장에서 좀 더 면밀히 검토해 본 후 우리는 신약성경 전체 이야기에 비춰 이 주제들을 다양하게 풀어나갈 것이다.

우선 나사렛으로 돌아가 보자.

2
스물 한 살의 젊은이

예루살렘으로 올라간 두 친구들과 달리 고향을 떠나지 않은 스물 한 살의 젊은이가 있었다. 그의 이름은 예수이다. 예수는 그동안 하나님 아버지의 방식으로 성장해왔다.

하나님 아버지의 방식은 하나님께서 예수 그리스도를 세워 가시는 방식 안에 가장 선명히 드러난다. 하나님 아버지께서는 어떻게 그리스도인의 삶의 방식을 아들에게 계시하셨나? 하나님께서는 어떻게 교회생활을 아들에게 계시하셨나? 하나님께서는 어떤 방식으로 아들 예수를 그리스도인 사역자로 세우셨나? 이 질문들 안에서 당신은 하나님의 방식을 볼 수 있다.

이 책이 다루고자 하는 것이 또한 이와 관련된 것이다.

그렇다. 이런 일들을 행하시는 하나님의 방식은 기독교신앙 안에서 이미 오래전에 자취를 감추었다. 하지만 자취를 감추었다고 해서 그것들이 다시는 재발견될 수 없음을 의미하지는 않는다. 우리가 그것을 놓쳐버렸지만 그렇다고 해서 그것이 영원히 상실된 것은 아니다.

하나님을 섬기고자 하는 젊은이들은 오늘날에도 여전히 존재한다. 그들은 보통 매트와 마티아스의 방식을 따른다. 아니면 스반과 패트의 방식을 따를지도 모르겠다. 하지만 하나님의 방식이 다른 한쪽에 여전히 존재하고 있다.

예수께서는 그 분의 사역을 준비하기 위해 어떤 과정을 겪으셨을까?

그분은 이제 스물한 살이다. 어느 날 아침, 마티아스와 스반처럼 예수께서도 어머니에게 인사를 드리고 집을 나섰다. 그러나 그분이 향한 곳은 예루살렘이 아니었다. 그분은 학문을 위해 예루살렘으로 오른 것이 아니라 나사렛의 한 일터, 목공소로 방향을 정했다. 그리고 그분은 블루칼라 노동자가 되셨다. 정, 톱, 끌을 손에 잡고 볕에 얼굴을 그을리며 땀 흘리는 현장노동자.

기독교 사역자들이여. 이 사실을 메모해 두라. 이것이 과연 거룩한 방식이 될 수 있을까? 이것이 하나님의 방식을 발견할 첫 번째 힌트가 될 수 있을까?

이것이 과연

그리스도인이 되기 위한

그리스도인의 삶을 살기 위한

교회생활을 배우기 위한

기독교 사역자가 되기 위한

다음 세대의 사역자를 길러내는 이들을 위한

하나님의 방식이 될 수 있을까?

이런 일들에 하나님이 사용하시는 뚜렷한 방식이 실제로 존재할까? 우리 복음주의 방식과 정 반대이며 우리가 그동안 간과해왔던 바로 그 방식!

나와 함께 거기로 돌아가 보자. 영원 전의 과거로! 그렇다. 거기가 바로 하나님의 방식이 처음 시작된 지점이다. 영원 전, 아버지께서는 그 분의 아들에게 어떻게 그리스도인으로 사는지, 어떻게 그리스도의 사역을 하는지 … 어떻게 교회 생활을 하는지도 가르쳐주셨다!

그리고 이후, 아들과 나누신 그 모든 것들을 아버지께서는 물리적인 시공간 안에서 다시 한 번 재현하셨다. 즉 갈릴리 나사렛에서, 스물한 살의 예수께서는 영원 전, 아버지께 받았던 그 말씀을 (사실은 두 번째의 훈련을!) 물리적인 시공간 안에서 행하고 계셨다. 나사렛에서 보낸 예수의 삶은 영원 전, 아버지 하나님께 받았던 그 훈련방식을 시공간 안에서 재현한 것이었다.

* * *

예수 그리스도께서 영원의 세계에 머무실 때 그분은 하나님 아들의 신분으로 그리스도인의 삶을 살고 계셨다. 그때 그분은 그 삶을 아버지 하나님으로부터 배우셨다. 이후 목수이신 예수께서는 어떻게 이 지구위에서 한 인간으로 그리스도인의 삶을 사는지를 다시 배우셨다 … 역시 아버지 하나님으로부터!

갈릴리에서, 예수께서는 영원 안에 머무시는 아버지 하나님과 성령님과의 거룩한 교제를 지속하셨고 그 안에서 교회생활(church life)을 경험하고 계셨다.

나사렛에서, 목수이신 그분은 다시 한 번 아버지 하나님과 성령님과의 거룩한 교제 속에 교회생활을 이루셨다. 이 지구위에서, 목수의 아들로!

이후 세 분이 경험하시던 그 교회생활은 열 세 사람의 교제로 확장되었다. 이 지구위에서!

그렇다. 열 두 제자는 아버지 하나님께서 예수 그리스도를 세우셨던 그 방식으로 예수 그리스도에 의해 세움을 받았다!

그리스도이신 예수께선 이미 이 삶을 영원 안에서 경험하셨다.

그리스도이신 예수께선 영원 안에서 경험하셨던 그 동일한 방식으로 열두 사람을 훈련시키셨다. 그들이 그리스도인 사역자로 설 수 있도록!

그리스도이신 예수께서 열 두 사람을 훈련시키셨던 방법이 어떤 것인지는 선명하다. 그것은 아버지 하나님께서 그분을 세우셨던 바로 그 방식 그대로였다.

* * *

예수께서 사역을 시작하실 때, 그 분은 자신이 아버지 하나님과 나누시던 그 내적인 교제를 공공연히 열 두 제자들에게 나타내셨다.

(1) 그 분은 그리스도인으로 살아오신 자신의 삶의 방식을 열 두 제자에게 보여주셨다.

(2) 그 분은 자신이 경험한 그 교회생활을 열 두 제자에게 보여주셨다.

(3) 그분은 그리스도인 사역자가 되는 방식과 다른 이들을 그리스도인 사역자로 세우는 방식을 매일 매일 열두 제자에게 보여주셨다.

아들 예수께선 아버지의 임재가운데 사셨다. 그리고 열두 제자는 아들 예수의 임재가운데 살았다. 열 두 제자는 하나님의 방식을 예수로부터 배웠다. 아들 예수는 그 하나님의 방식을 아버지로부터 배우셨다. 그리스도인 사역자가 무엇인지, 어떻게 그리스도인 사역자가 될 수 있는지를 아들 예수께선 그 분의 아버지를 지켜보며 배우셨고 열 두 제자는 아들 예수를 지켜보며 배울 수 있었다.

이것이 일을 행하시는 하나님의 방식이다.

예수의 방식이란 아버지 하나님께서 아들 예수께 흘려보내주신 바로 그 방식이었다.

이 오래된 혈통 속으로 당신도 들어가겠는가?

3
처음 그리스도인

창조 이전에 그리스도인이 있었다. 세 분의 그리스도인들!

이 최초의 그리스도인들은 누군가? 이 세 그리스도인들은 어떻게 그리스도인의 삶을 사셨는가? 그것을 배우라. 그러면 그것이 당신의 삶에 혁명을 가져올 것이다. 이 최초의 그리스도인들은 그리스도인의 삶을 살기 위해 어떤 자원을 활용하셨을까?

그리스도인의 삶을 살기위해 필요한 실제적인 방식이 있을까? 그 비결이 따로 있을까? 특별한 비법이라도?

그분들에겐 그리스도인의 삶을 살기 위해 필요한 독특한 요소가 있었다.

이제 그 원리를 메모해두라. 태초부터 존재했던 그 원리. 그것은 하나님의 다른 모든 일에도 유효한 원리이다.

태초부터 거기 계셨던 세 분의 그리스도인, 하나님의 방식을 결정짓는 그 원시 요소에 대해 그분들이 우리에게 말해줄 수 있는 것은 무엇일까?

우리는 지금 그 처음요소를 찾고 있다. 어떤 존재의 처음요소를 찾아 참 지식에 이르는 인식론. 첫 그리스도인에게 그것이 달려있다.

처음 그리스도인

그리스도인의 삶이란 창조 전에 존재하셨던 분, 그 분이 살았던 삶에 다름 아니다. 모든 물질세계에 앞서 이 분의 삶이 존재했다. 천지창조에 앞서 그리스도인의 삶의 방식이 이미 확립되어 있었다. 그리스도인의 삶이란 시간과 공간이 존재하기 오래전부터 이미 누군가의 삶의 방식이었고 시공간 밖에서 형성된 삶이었다.

그리스도인의 삶은 언제나 그랬다. 과거에도 시공간 밖에서 이뤄졌고 지금도 시공간 밖에서 이뤄지고 있다! 그리스도인의 삶의 비결, 경험, 그리고 그 삶의 방식과 자원은 물질세계 밖에서 이뤄지는 어떤 것이다. 그리스도인이 살아가는데 필요한 그 삶의 자원이 주어지는 곳은 항상 시간과 공간으로부터 자유로운 세계이다.

이 모든 자원을 흘려보내시는 분은 누구인가? 그 첫 번째 그리스도인은 누구인가?

첫 번째 그리스도인은 바로 영원하신 아버지이시다. 아버지가 아들보다 선재(先在)하신 것은 아니지만 그럼에도 그 모든 것은 아버지로부터 흘러나왔다. 아들은 말 그대로 하나님 아버지의 품안에서 즉 그 중심과 핵심 안에서 그리스도인의 삶을 사셨다. 예수 그리스도는 아버지로부터 모든 것을 흘려 받았다.

그리스도인의 삶이란 그렇게 아주 오래된 것이다! 그래서 그리스도인의 삶과 그 삶의 방식이란 천사와 하늘보다도 더 앞선다. 삼위일체 하나님께서 존재하셨던 그만큼이나 오랜 세월동안 그리스도인의 삶이 존재해온 셈이다. (물론 삼위일체 하나님이 존재하지 않았던 때는 없었다!) 그렇다. 바로 그만큼 그리스도인의 삶은 오래된 어떤 것이다.

그 삶은 분명한 한 가지 양식(pattern)을 따른다. 바로 하나님 아버지의 방식.

여기서 우리는 신선하고 새로운 또 하나의 질문에 이르게 된다. 가슴 두근거리고 혁명적인 질문!

그렇다면 하나님의 영원하신 아들은 어떻게 그리스도인의 삶을 사셨는가? 인식론적 질문이 필요하다면 바로 이 질문이 아니겠는가! 가장 핵심적인 질문, 우리가 그리스도인의 삶을 사는 "방법"을 알고 싶다면 당연 물어야 할 질문이 바로 이것이다.

영원하신 독생자는 실제로 어떻게 그리스도인의 삶을 사셨는가?

이런 일들은 우리에게 많이 낯설고 우리가 별로 들어보지 못한 것처럼 여겨진다. 그러나 정작 주님 예수께서는 아버지 하나님과 창세전부터 나누셨던 그 교제에 대해 많은 것들을 우리에게 말씀해 주셨다. 33년 동안 이 지구라는 별을 방문하시면서 당신의 주님께서는 자신이 어떻게 그리스도인으로 살고 계신지를 우리에게 말씀해주셨다. 그것이 전부가 아니다. 우리가 주의를 기울이지 못했을 뿐, 주님 예수께서는 그 방식을 우리에게 직접 보여주셨다. 그리고 그 분이 우리에게 보여주셨던 그 방식은 그 분이 이 지구를 방문하기 전부터 살고 계시던 그 삶에 기초한 것들이었다! 이 지구에서 보여주신 그 분의 실제적인 시연! 만물이 창조되기 이전부터 그 분이 실제로 사시던 그 삶의 방식! 예수께서는 그 양식을 우리에게 보여주셨다. 그리스도인의 삶을 사는 하나님의 방식을 우리에게 보여주신 것이다.

우리가 어떻게 그 최초의 방식 그대로 그리스도인의 삶을 살 수 있는지 주님은 우리에게 말씀도 해주셨고 보여주기도 하셨다. 그리스도인의 삶의 원형을 그분은 선명한 시범을 통해 우리에게 계시하신 것이다. 그리스도인의 삶의 비결이 바로 여기에 있다. 영원하신 아들이 삼위일체 안에서 창세전부터 알고 계셨고 경험하셨던 그 삶이 여기서 계시된다.

구체적으로 어떻게?

하나님의 아들은 바로 이렇게 그리스도인의 삶을 사셨다. (영원전부터, 그리고 이후 갈릴리에서도.)

내주하시는 아버지에 깃들어.

아버지께서 아들에게 나눠주신 그 아버지의 생명으로.

아버지의 생명에 의해 살아가는 아들의 삶을.

아버지의 음성을 듣는 아들로서.

아버지께 들은 말씀에 반응하는 아들의 삶을.

아버지께서 아들에게 계시해주신 그 아버지의 삶을.

아버지를 주시하는 아들로서.

아버지의 사랑을 받는 그 아들로서의 삶을. 그리고

아버지께서 아들에게 부어주신 그 사랑에 보답하여 아버지를 사랑하는 아들로서의 삶을 … !!

하나님의 아들은 바로 이렇게 그리스도인의 삶을 사셨다.

그렇다면 최종적으로,

이 모든 요소를 한데 모아보라. 그러면 어떻게 그리스도인의 삶을 살 수 있는지 한 가지 비결, 유일한 비결, 단 하나의 패턴이 거기서 흘러나온다. 이 모든 요소들이 당신에게 보여주는 하나의 패턴은 아버지와 친밀한 교제를 나누는 독생자의 모습이다.

다르게 표현하면, 이 모든 요소들을 하나로 모으면 그것은 곧 삼위일체 하나님의 교제가 된다. 그것이 바로 그리스도인의 삶을 살게 될 사람들이 취할 방식이다! 동시에 우리 모두가 살아야 할 그리스도인의 삶의 방식이기도 하다! 원형으로 돌아가 그 최초의 모범대로 살아가는 그리스도인의 방식.

사랑하는 독자들이여. 삼위일체 하나님 안에서 진행되던 그 일이 태초를 형성하였다. 그것은 결코 바뀌지 않을 하나님의 원형이 된다.

첫 그리스도인을 주목하라. 두 번째, 세 번째도! 여기에 그리스도인으로 살아가는 삶의 방식과 관련한 모든 비결이 녹아있다. 독생자께서 이 땅에 오시기 전에 사셨던 두 가지 핵심적인 삶의 요소가 그 하나님의 방식 안에 존재한다.

(1) 아들은 아버지로부터 흘러오는 생명을 받았다.

(2) 아들은 아버지와 친밀한 교제를 나누셨다.

이것이 최초의 그리고 원형 그대로의 그리스도인의 삶이다. 그리고 지금 여기서도 그것은 실현가능한 삶이다! 최초의 그리스도인이 그리스도인의 삶을 살았던 방식인 동시에 그것은 당신이 살아야 할 그리스도인의 삶인 것이다.

이것을 당신에게 말해준 사람이 있었는가? 그만큼 그리스도인의 삶을 사는 방식은 우리가 그동안 가지고 있던 개념에 충격을 준다. 아직도 그 개념이 다가오지 않는다면 차라리 독생자께서 그리스도인의 삶을 살기위해 하지 않으셨던 일들의 목록을 떠올려보라.

그분은 십일조를 하지 않으셨다. 그분은 미션스쿨을 다니지 않으셨다. 그분은 방언으로 말씀하지 않으셨다. 그분은 매일 세장씩 성경을 읽지 않으셨다. 그분은 목공소로 가기 전 20분씩 기도하지 않으셨다 … 그분이 하지 않으셨던 목록은 끝이 보이지 않을 정도이다. 그리스도인의 삶을 살기위해 가장 기본적인 하나의 요소를 놓치지 말라! 하지만 우리가 감히 어떻게? 뭐라도 더 해야 되는 것 아닌가? 이런 거 말고 더 필요한 무엇이 있지 않을까?

이에 대한 분명한 답이 있다. "우리는 천지창조 이전부터 아버지 하나님의 품안에 살던 영원하신 독생자가 아니지 않는가!" 라는 생각은 다른 또 하나의 질문을 불러일으킨다. 그렇다면 천지창조 이전부터 존재하던 그리스도인의 삶의 방식이 천지창조 이후엔 바뀌었는가? 우리가 사는 이 시공간의 차원으로 들어온 이후엔 그 삶의 방식이 변했는가?

만약 그렇다는 대답이 가능하다면 현재 복음주의 사고방식이 우리에게 권고하는 그리스도인의 덕목들을 우리는 고수해야 한다. (그렇게 유쾌하지는 않지만!) 하지만 하나님 안에서 영원 전에 시작된 그리스도인의 삶의 방식이 천지창조 이후에도 변하지 않았고 우리가 사는 이 시공간에 들어온 후에도 전혀 변하지 않았다면 우리는 우리의 믿음생활 전반에 걸쳐 혁명적인 변화를 맞을 필요가 있고 영적인 대 격동을 겪어야 할지도 모른다. 물론 하나님의 아들이 따르셨던 그리스도인의 삶의 방식을 우리가 애써 외면하는 방법도 있다! 우리의 옛 방식과 묵은 포도주에 애착을 가지고 말이다. 실패는 분명 중독성을 가지고 있다!

이 모든 것을 염두에 두고 몇 가지 충격적인 내용들을 더 살펴보자. 이를테면 아버지 하나님께서 그리스도인의 삶으로 아들을 안내하시던 구체적인 방법 같은 것들.

4
복음주의 사고체계 너머

그리스도인의 삶의 뿌리에 대한 접근은 지난 1700년 동안 간과되어 왔다.

복음주의 사고체계는 창조 이전의 이 시간대에 대한 어떤 지식도 가지고 있지 못하다.

창조 이전의 시간대, 기독교가 간과해왔지만 사실은 그리스도인의 삶에 결정적인 단서를 제공하는 이 영역을 좀 더 자세히 살펴 볼 필요가 있다.

그리스도인인 아버지께서는 어떻게 "다른" 그리스도인을 안내하셨는가? 이런 질문과 대답들은 일상적으로 들을 수 있는 것들이 아니다. 우리가 오랫동안 간과해온 것들 중 가장 중요한 문제가 바로 이것이다.

계시와 친밀한 교제

시공간이 존재하기 이전에 존재했던 유일한 생명(아버지, 아들,

그리고 성령), 그 분들은 그리스도인의 삶을 살고 계셨다. 인간의 영, 혼, 육은 그곳에 존재하지 않았다. 오직 그분들의 영만 그곳에 존재하고 있었다! 영이 존재했던, 오직 영만 존재했던 그 곳은 공간이 존재하지 않는, 공간에서 자유로운 영역이었다. 거기 그리스도인 "공동체(아버지, 아들, 그리고 성령)" 안에 생명을 흘려보내던 원천은 세 인격이 한 인격 안에서 교제하는 그리스도인이었다고 표현할 수밖에 없다. 그리고 한 인격 안에 존재하는 이 세 인격은 모두 동일한 영적 영역에 존재하고 있었다. 이 영적인 영역만이 존재할 뿐 물질세계는 아직 창조되기 전이었다.

그리스도인의 삶이란 태초부터 그렇게 영적인 상태로 존재하는 것이었다. 불가시적인 영역에서, 시공간과 무관하게!

시공간을 초월한 본질적인 그리스도인의 삶을 다룬 책을 읽어보았는가? 신적인 세계에서 이뤄지는 그리스도인의 삶의 방식에 대해 말하는 이를 보았는가? 시간과 공간 밖에서 예수 그리스도와 교제할 수 있다고 말해준 사람이 있었는가?

거기가 바로 그리스도인의 삶이 시작된 곳이다. 당신과 나에게 상속된 유산을 통해 우리는 그곳에 닿을 수 있다. 거기가 그리스도인의 원래 고향이다. 볼 수 없고, 보이지도 않는, 물질세계가 창조되기 이전의 영역. 다시 말하면 그리스도인이 존재하던 "다른 세계", 거기가 그리스도인의 "본 서식지" 이다. 그 영역에 접촉할 수 있는 방법을 우리는 배울 수 있다. 무엇보다 그곳은 그리스도인의 삶이 시작되었던 그 장소와 방식이 여전히 존재하는 곳이다. 거기에서는 여전히 그 방식으로 그리스도인의 삶이 이루어지고 있다!

우리는 창조 이전의 그리스도인들이 살았던 그 삶의 방식과 관련된 아버지 하나님의 처음 의지를 지금 살펴보는 중이다. 이런 내용들을 표현할 마땅한 용어가 없으니, 우리가 그리스도인의 삶을 발견하고, 그리스도인의 삶을 배우고, 그리스도인의 삶에 접근하고, 그리스도인의 삶을 살기 위해 새로운 용어를 만들어 사용하는 것을 감수하자. 이 모든 것들은 시간과 공간에 구애되지 않는 용어들이다. 이것들은 계시의 영역, 즉 아버지에게서 아들에게로 흘러가는 계시의 영역에서 발견되는 그리스도인의 삶이다.

계시

아버지에게서 아들에게로 전해지는 이러한 계시의 흐름이 여전히 삼위일체 하나님의 독특하고 배타적인 특성으로 남아있을까? 이것은 삼위일체 하나님 사이에 주고받던 계시이다. 즉 아버지 하나님께서 아들에게 자신을 계시하시고 아들은 아버지의 계시에 반응하는 그런 관계이다. 아버지에게서 아들에게로 흐르던 이 거룩한 요소, 신령한 계시와 거룩한 교제가 아들에게서 또 다른 존재에게 흘러갈 가능성은?

친교

지금까지 살펴본 이 모든 경이로운 일들은 하나님 안에서, 즉 공간과 시간, 모든 차원들을 벗어난 곳에서 일어나고 있는 일들이다.

그리스도인의 삶은 계시에 의해서만 닿을 수 있는 영역, 바로 이 보이지 않는 영역에서 경험되는 것들이다. 그리스도인의 삶을 구성하는 최초의 요소는 아들에게 자신을 흘려보내는 아버지의 계시, 달리 표현하면 아버지와 아들의 친밀한 교제였다.

그리스도인의 생명을 확대해나가는 이 신령한 방식이 놀랍지 않은가!

자신에 대한 계시를 자신에게서 다른 이에게 흘려보내고 그것으로 서로 교제하는 신령한 방식의 그리스도인의 삶!

물론 이 모든 것들은 우리들에게 해당하는 것들이 아니다! 그래서 "그리스도인의 삶"은 하나님이신 아들이 성육신하여 시공간 속으로 들어올 때 급격한 변화를 겪게 될지도 모른다. 시간과 공간 그 자체가 그리스도인의 삶의 성분을 바꿔 버릴지도 모른다! 영원 안에 있던 것이 여기서는 빛이 바래고 가려질지도 모른다! 시공간 밖에서 오직 세 분의 영적인 존재 사이에 이뤄지던 그 친교, 즉 이 특별한 차원의 그리스도인의 관계, 그리스도인의 성장, 그리고 그리스도인의 삶은 더 이상 존재할 수 없게 될지도 모른다. 왜냐하면 이 계시적 요소가 지구에 합당치 않은 영원성을 가지고 있고 지구와 부합되지 않는 차원의 것들이기 때문이다.

그렇다면 주님께서 지구에 오셨을 때 그 분은 다른 어떤 방법(plan B)에 의해 그리스도인의 삶을 살아야 했을까?

그럴 리가!

하지만 그 계시가 우리들을 위한 것이 아님은 분명하다! 그리스도인의 삶은 본래 우리가 알 수 있는 어떤 것이 아니다. 그것이 우리가 운데 들어오기 위해선 우리에게 합당한 다른 방안이 있어야 한다.

그러나! 하나님의 방식 안엔 영원성이라는 요소가 있다. 그 점을 간과하지 말자.

그리스도인의 삶을 사는 전통적인 방식

의문을 가져볼 필요가 있다.

잠시 동안 우리가 배워왔던 복음주의적 가르침, 즉 그리스도인의 삶을 사는 방식이라고 우리가 배워왔던 그 가르침들을 의심의 시선으로 바라보자. 우리가 배워온 그 목록들을 나열한 다음 태초부터 삼위일체 안에서 지속되었던 그리스도인의 삶과 그것의 유사성을 비교해보자.

첫째, 우리는 믿음의 성장과 승리가 다름 아닌 성경지식을 얻음으로 달성되는 것처럼 배워왔다. 이 일에 있어 영은 거의 필요하지 않았다. 즉 복음주의는 성경에 나온 객관적인 사실들과 정보를 지적으로 획득하고 그것에 의해 그리스도인의 삶을 성취하는 것으로 가르쳐왔다. "성경에 어떤 사실이 있는지 배워라. 그리고 가서 그대로 행하라." 늘 그런 식이었다. 이러한 접근을 지성적인 것으로 포장해선 안 된다.

세 분 하나님이 한 인격 안에서 교제하던 처음 그리스도인의 삶, 그것을 계시하는 성경의 가르침 속엔 위와 같은 요소들이 존재하지 않는다. 우리가 혹 놓친 사실이 있을까? 다시 말하면, 성경구절을 많이 획득할수록 그리스도인의 삶의 비결을 얻을 수 있는데 성경의 저자(하나님-역주)가 이 사실을 모르고 계실 수도 있지 않을까!

이것보시라! 우리는 성경말씀을 알아야 한다. 하지만 그 성경말씀을 기록한 분을 더 잘 알아야 한다. 가시적인 영역 밖에 계신 그 분, 눈으로 볼 수 없는 세계에 계신 그 분을 성경말씀보다 더 잘 알아야 한다.

두 번째, 성령을 힘입는 문제.

당신은 이것을 다른 어떤 이름, 이를테면 방언, 성령의 권능, 성령 세례 등으로 알고 있을지도 모른다. 오순절운동, 방언, 성령 충만, 부흥 … 이런 것들은 그리스도의 삶을 사는데 필요한 힘을 지금 즉시 당신에게 공급할 것처럼 유혹한다! 그것이 어떤 것이든 이런 광고 밑에는 메이디 인 유 에스 에이(Made in USA) 도장이 찍혀있을 것이다. 인스턴트 차(茶), 인스턴트 분유, 인스턴트 커피, 인스턴트 주택, 인스턴트 영웅(꼭 이단이 아니더라도)들이 즐비한 나라에서 그리스도인들을 위한 인스턴트 만병통치약을 만들어내는 것도 크게 이상한 일은 아니다. 불편함과 고통 없는 그리스도인의 삶, 그것을 약속하는 만병통치약!

세 번째, 기도.

우리는 이것에 이론을 제기할 수 없다. 하지만 우리가 보통 기도라고 여기는 것을 되돌아볼 때 그것이 실제로 매우 일방적이라는 사실만큼은 알 것이다. 다분히 표면적이고 피상적인! 거기엔 시공간을 초월한 친교적 요소, 다른 세계에 속한 그 요소, 시공간을 벗어나 이뤄지는 그 친밀한 관계가 끼어들 틈이 없다. 이런 질문을 감히 심각하게 던져보자.

우리의 기도방식에 변화가 찾아올 가능성은?

전도, 십일조, 교회출석 … 그리스도인의 삶으로 여겨져 온 이런 관행들에 변화가 찾아올 가능성은? 그 밖에 다른 전통적인 관습들에 변화가 주어질 조짐은? 이 모든 요소들(스트레스를 줄 뿐인!)은 그리스도인의 삶을 사는데 약간의 도움이 될 수 있을지 모르지만 실제로 대리석 교회건물에 영양분을 공급하는 것으로 끝난다. 이런 요소들을 그리스도인의 삶과 연결시키는 현대 복음주의적 사고방식은 다시 한 번 심각하게 검토할 필요가 있다.

그리스도인의 삶을 다루는 수많은 방법들이 오늘날까지 유포되어왔다. 대대적으로 홍보된 그 방법들을 수많은 사람들이 수세기동안 받아들였다. 하지만 둘러보라. 수세기 후에 그것들이 남긴 결과들을! 당신은 그 방법들을 어떻게 대할지 알 수 없지만 분명한 사실은, 하나님의 아들이 아버지와 나누셨던 그 교제 앞에서 그 방법들이란 초라하기 그지없는 것들이다.

"주님. 우리를 돌아보소서. 주님께서 아버지와 나누셨던 그 친교 대신에 우리가 선택한 다른 대안(plan B)들은 지금 우리가 살고 있는 이곳에 아무런 도움도 주지 못합니다. 그리스도인의 삶이 이뤄지던 그 태초의 영역에 우리가 조금만, 아주 조금만이라도 들어갈 수 있도록 허락하소서. 너무 오래되어 쉰내 나는 방식들로 둘러싸인 여기 3차원 바닥! 여기에 주저앉은 저희들은 삼위일체 하나님 안에서 이뤄지던 그 태초의 방식, 그 본질적이고도 단순한 방식들을 사모합니다. 오랜 세월 우리가 반복하고 또 반복해왔던 그리스도인의 삶의 방식들은 우리를 조금도 성장시키지 못했고 우리의 영혼에 조금의 만족도 주지 못합니다. 지금도 삼위일체 하나님께서 나누시는 그 친교, 시공간을 떠나 이뤄지는 그 친교에 우리가 조금만이라도, 아주 조금만이라도 발을 디딜 수 있도록 그 문을 열어주소서"

하나님의 방식으로 이뤄지는 그리스도인의 삶이 우리 복음주의자들의 삶의 방식과 그토록 완전히 다른 것이라면 교회가 다시 하나님의 방식으로 돌아서기 위해 우리가 선택할 대안은 무엇인가?

나사렛으로 돌아가 정말로 다른 대안이 있는지 확인해보자.

5
시공간을 넘어선 그리스도인의 삶

A.D. 26년. 나사렛의 인구가 감소했다. 그 도시가 한 주민을 잃었다. 예수께서 나사렛을 떠나셨다.

나사렛에서 사시던 30년 동안 예수께서는 분주한 시간을 보내셨다. 무엇을 하면서 보내셨을까?

영원 전, 아버지 안에서 살던 그리스도인의 삶을 어떻게 이 지구 위에서 살 수 있을지를 배우고 계셨다! (아버지 안에서 그리스도인의 삶을 사는 방식은 이미 알고 계셨다.) 하지만 그것은 영적인 영역에서 이뤄지던 삶이었다. 지구위에서 그 삶을 사는 방식은? 어머니 마리아가 그 방법을 그분에게 가르쳐 주었을까? 아니면 스스로 발견하셨을까? 아니면 구약성경에서 그 방법을 배우셨을까? 그도 아니면 그 지역의 유대인회당에서 배우셨을까?

혹시 이 땅에서 그리스도인의 삶을 사는 비결을 주님께서 이미 알고 계셨던 것은 아닐까? 다른 말로 하면, 성육신한 아들(incarnate son)안에 내주(indwelling, 內住)하시던 아버지께서 예수께서 성장하실 동안 이 방식을 다시 말씀해주신 것은 아닐까? 그동안 아버지께서 계속 그 사실을 아들에게 상기시키셨을까? 예수 안에 계시는 아버지께서 그리스도인의 삶의 방식을 그분의 내면에서 계시해 주신 것일까?

그렇다. 예수께서 지구위에서 사셨던 그리스도인의 삶은 과거 영원 안에서 사시던 삶의 복사판이었다.

한 시골마을 마구간으로 돌아가 예수께서 태어나시던 날부터 나이 서른에 집을 나서기까지의 과정을 확인해보자.

탄생

장소는 베들레헴이다. 상황은 마구간에서 진행되고 있다.

하나님의 영원하신 아들이 막 사람의 육체를 입으려는 순간이다. 물리적인 영역 안에 들어오신 하나님! 그분은 이제 이 지구위에서 시간과 공간의 제한을 받게 될 것이다. 불가시적인 영역에 익숙한 그분의 시야에 물질이 들어오기 시작한다. 눈에 들어오는 이 지구는 딱딱한 바위투성이다. 여기에서 그분이 자랄 것이다. 그분은 성장을 경험할 것이다. 아기의 과정을 거쳐 소년으로, 그리고 성년으로. 이 모든 활동이 분자로 가득한 이 지구 안에서 일어날 것이다. 영원한 영역에서 사시던 영적인 분이 물질적인 실체를 입고! 당신이 알다시피 이 지구는 그렇게 훌륭한 곳이 아니다. 그리스도인의 삶을 살만한 장소로서 이 지구는 썩 좋은 장소가 아니다.

탄생하자마자 예수 그리스도께서는 영적인 의식으로 충만하셨을까? 요람에 누워서 자신이 사람의 몸을 입은 하나님이란 사실을 알고 계셨을까? 의도적으로 아기인체 하신 것일까?

물론, 그렇지 않다.

그분이 입은 인간은 성장의 과정을 경험해야 했다. 그리스도이지만 그 분에게 속한 인간성의 영역은 우리가 성장하는 그 속도로 성장의 과정을 겪으셔야 했다. 그분의 정신은 당신이 경험하는 모든 성장의 과정을 경험하셨다.

분명 그랬을 것이다. 하지만 그 분의 신적인 영역은?

예수의 영, 그 분의 신령한 본성, 그분의 거룩한 생명은 일정부분 그분의 인성의 성장속도에 따라 그분 안에서 스스로를 계시하였다. 하나님의 신비 안에서.

자신의 신성에 대한 그분의 자각과 인식은 그분이 받아들인 인성의 성장과 완전한 보조를 맞추어 예수 안에서 계시되었다. 당신의 주님께선 그 분이 받아들인 인간의 의식을 자각하는 그만큼 자신의 신적인 정체성을 알아갔던 것이다.

(지금 우리의 표현들이 신학적으로 오류가 없기를! 왜냐하면 신학자들의 발길이 거의 닿지 않았던 영역에서 우리가 산책하고 있기 때문이다.)

당신의 주님은 백 퍼센트 하나님이셨고 백퍼센트 인간이셨다. 하지만 베들레헴에서 그 분은 지금 아기상태로 존재하신다. 하나님으로서, 인간이 된다는 것이 무엇인지를 그 분은 점차 알아갈 것이다. 사람으로서, 자신이 하나님이었다는 사실을 또한 그분은 알아가게 될 것이다. 양쪽 모두 그분에게는 경이로운 발견이었다. 그리고 그 두 삶의 양식은 양쪽 모두에게 새로운 발견이었다. 자신이 받아들인 인간성을 발견하는 하나님. 동시에 자신의 본래 신성을 발견해나가는 사람.

지구역사상 처음으로 자신 안에 실존하는, 그리고 자신과 함께하는 거룩한 생명의 형태에 적응해가는 사람이 여기 있다. 인성은 신성을 발견했다. 신성은 인성을 발견했다. 생물학적으로 두 가지 생명이 서로의 면전에서 같이 성장하고 있었다.

이 사실이 당신에게 선명하게 다가오지 않더라도 편안하게 여기시라. 우리는 결코 이 문제의 완전한 이해에 도달하지 못할 것이다. 당신의 주님은 신령한 본성, 그리고 아버지의 신령한 생명을 입고 태어나셨다. 그분 안에!

우리들은 그렇지 않다. 당신과 나는 오직 구원받는 순간에 그 신령한 본성을 얻는다. 불행하게도 그 신비하고 놀라운 사건을 우리는 속속들이 노출되고 타락한지 오래된 우리의 인성 안에서 경험하게 된다. 하지만 그 사실이 우리를 그리스도인의 삶에 진입하지 못하도록 방해하지는 못한다. 왜냐하면 예수 그리스도께서 그것을 이미 알고 계시기 때문이다.

우리 갈 길을 개척하신 예수 그리스도, 하나님이며 사람이신 주님께선 그분이 성장하시는 동안 이 땅에서 인간의 몸으로 살아갈 그리스도인의 삶을 발견하셨다. 베들레헴의 요람에서 요단강가에 이르기까지 그분은 그리스도인의 삶의 방식을 찾아내셨다. 하지만 그

분이 찾아낸 방식이 우리가 살아야 할 그리스도인의 삶과 같은 것일까? 그분과 우리가 같은가? 그분의 방식과 우리의 방식이 동일한 것일까?

예수 그리스도의 생물학적 성분

생물학적으로, 예수 그리스도를 구성하고 있던 성분은 무엇일까? 우선, 예수께선 당신과 내가 가지고 있지 않은 한 부분을 그분 안에 가지고 계셨다. 좀 더 정확히 말하면, 우리는 한 부분을 상실한 채 태어난다. 그러나 그 분은 그렇지 않았다. 둘째, 그분 안에는 서로 이질적인 부분이 있었다. 그리고 그것은 우리역시도 마찬가지다. 다만 그 분 안에서는 그 이질적인 부분이 작동하고 있었고 반면에 우리 안에서는 그 이질적인 부분이 작동하지 않고 있었다.

한 부분은 상실하였고 한 부분은 작동하지 않는 상태로 존재한다.

그 분 안에서는 작동하고 있었지만 구원받기 이전, 당신 안에서는 작동하지 않던 부분이란 바로 인간의 영을 말한다. 당신의 영은 아담이 타락한 이후 다소 죽은 채로 존재하고 있었다. 그러나 예수 그리스도 안에 있었던 인간의 영은 완벽하게 기능하고 있었다. 그 분이 태어나실 때도.

상실한 부분은 무엇일까? 우리가 상실한 이 "어떤 것"은 당신과 내 안에서만 상실된 것이 아니라 심지어 아담조차도 그 안에 가지고 있지 않던 요소이다. 그 "어떤 것"은 모든 인류가 동일하게 상실한 것이다. 그러나 이 베들레헴의 한 아기는 그렇지 않았다. 그 부분이 상실되지 않은 채였다. 그것은 그 아이 안에 "있었다."

그것이란 무엇인가? 신령한 생명.

애초부터 이 예수라는 어린아이 안에 깃들어 계시던 살아계신 하나님. 그 아기는 자신 안에 내주하시는(indwelling) 아버지를 소유하고 있었다.

핵심은 이렇다: 예수 그리스도께서는 죄 없는 몸과 손상되지 않은 혼을 가지고 성장하셨다. 그 두 요소가 예수 그리스도의 인성의 측면을 구성하고 있었다. 예수 그리스도께선 또한 살아있는, 그리고 기능하는 영을 가지고 성장하셨고 … 그 분 안에 아버지 하나님이 계셨다. 그것이 예수 그리스도의 신적인 측면을 구성하고 있었다.

예수 그리스도 안에 있던 신령한 생명, 더구나 기능하는 상태로!

여기에 중심적인 질문이 다시 제기 된다: 바로 이런 사실 때문에 당신의 주님께서는 그리스도인의 삶을 사는 방식에 있어 원래의 방식(Plan A)을 취하실 수 있었지만 반면에 우리에겐 다른 대안(Plan B)이 주어졌느냐는 것이다.

신령한 생명이 그 분 안에서는 기능하고 있었다. 그래서 그는 그리스도인의 삶을 사는 방식에 있어 원안(Plan A)을 취하실 수 있었다. 그렇지 못한 우리는 다른 방식(Plan B)을 찾아야 하는가?

(절망하지 말라. 타락한 육신을 가진 우리 역시도 조금 늦게 그분의 생명을 우리 안에 받았다. 결과적으로 우리도 신령한 생명에 참여하는 존재가 되었다!)

나사렛에서 성장하면서 예수께선 인간의 영과 신령한 영을 한 인격에 가지고 계셨다. 그 신비한 요소는 우리에 의해 완전하게 이해될 수는 없다. 이 신령한 그리고 불가시적인 요소는 이 땅에 속한 것이 아니다. 그분의 영은 물질적인 세계에서 비롯된 것이 아니라 '다른 영역'의 것이다. 지구위에 계심에도 그분에겐 그리스도인의 삶을 살기 위해 필요한 "다른 영역"의 자원이 흘러들어왔다.

다시 한 번 반복한다: 그리스도인의 삶이란 우리가 사는 영역에 합당한 삶이 아니다. 그것은 언제나 보이지 않는, 영적인, 시공간을 넘어선 영역에서 흘러오는 삶이다. 그리스도인에게 어울리는 삶의 터전은 다른 영역에 속해 있다. 그리스도인의 삶은 영적인 세계에 합당하고 어울리는 삶이다.

인간의 영과 신령한 영은 … 그렇다. 둘 다 영이다. 그러므로 물질적인 것들이 존재하지 않는 영역에 속해있다. 영적인 실체를 잡기 위해 이 사실을 이해하라: 눈에 보이지 않는 영적인 영역은 공간과 시간에 제한받지 않는다. 그리고 그곳이 그리스도인의 태생적인 주거지이다.

비물질적인 영역은 측정 가능한 차원(dimensions)이 아니다. 당신은 영적인 세계에 있는 문제들을 측정할 수도 해결할 수도 없다. 그것은 모든 차원을 넘어서는 영역이고 크거나 작은 어떤 것도 아니다. 믿기 어렵겠지만 그 사실이 예수께서 이 땅에 사시는 동안 깊은 영향을 미쳤고 그 사실이 이해되면 그것은 그리스도인으로서 당신의 삶에도 깊은 영향을 줄 것이다. 그동안 간과되어 왔지만 결정적인 이 사실을 우리는 좀 더 깊이 들여다 볼 필요가 있다. 그 다른 영역에 속한 것들을 발견함으로 우리는 하나님의 방식을 알게 된다.

그것을 염두에 두며 예수께서 일하셨던 목공소로 돌아가 보자.

6
스물한 살 예수의 목공소

스물한 살에 예수께서는 목공소 앞 벤치를 그 분의 자리로 정하신 후 보이지 않는 영역의 삶을 시공간으로, 그리고 세속에 기반을 둔 삶으로 옮기셨다. 나사렛 목수였던 스물한 살부터 서른 살이 될 때까지(A.D.18-A.D.27) 그 분은 자신에게 주어진 세상의 어떤 정보에 의해 살지 않으셨다. 그분의 삶은 종교적인 정보나, 당시의 신앙 훈련이나, 그 분이 처한 환경, 또는 유대민족의 전통과 사회적 기반에 부응하는 삶이 아니었다.

그리스도인으로서 그 분이 살아나가는 삶은 계시가 분출되는 곳에 의지하고 있었다. 그 계시는 그의 안쪽에 자리 잡은 어떤 곳에서 분출되고 있었다. 그 장소는 인간의 지적인 이해와는 완전히 다른 방식으로 감지되는 곳이다! 하나님이신 이 사람은 계시와 친교를 통해 이 영적인 실체를 감지하고 있었다 … 그분의 안쪽에서. 이곳이 지리적으로 확인될 수 있는 곳인가? (그곳은 하나님의 아들이 하늘에 계시던지 지구위에 계시던지 언제나 동일한 바로 그 장소이다.) 그것은

"다른 영역"이다. 그리고 그 "다른 영역"은 목수의 안쪽에 있었다. 그것은 그의 영속에 자리 잡은 어떤 장소이다.

다른 영역, 보이지 않는 영역, 차원을 넘어선 영역, 그리고 목수의 영 … 이 모든 영역은 동일한 한 장소를 의미한다. 영적인 모든 것이 흘러나오는 장소가 바로 그 분 안에 위치한 이 장소이다. 예수께서 그리스도인의 삶을 사셨던 영역도 바로 그곳이었다. 그리스도인의 삶을 사는 방식. 이것은 하나님만이 고안해내실 수 있는 방식이다!

오늘 우리가 사로잡힌 모든 방법들과 얼마나 다른지! 하지만 그 사실이 당신에게 무슨 의미가 있을까?!

당신은 과연 그 삶에서 배제되었을까? 만약 그렇다면 당신은 어떻게 그리스도인의 삶을 살 작정인가? 성경을 암기함으로? 신학교에 입학함으로? 방언을 배움으로써? 아니면 다른 어떤 … ?

당신이 구원받던 날, 그 상실한 부분이 당신 안에 주어지던 그날, 다른 영역에 존재하던 그것이 당신 안에도 들어와 있다.

우리는 지금까지 창조이전, 즉 삼위일체 안에서 이뤄지던 그리스도인의 삶의 방식을 추적해왔다. 그리고 그 삼위일체 안에서 이뤄지던 그리스도인의 삶이 여기 이 지구 위, 독생자의 삶 안에서 어떻게 지속되었는지도 보았다. 우리는 육체를 입고 물질세계의 삶에 적응해 가는 그 분을 살펴보았다. 육신과 정신(soul)의 삶을 습득하시며 적응해 나가시는 하나님의 아들! 백퍼센트 영인 동시에 전적으로 거룩한 한 피조물이 지구에 들어와 육신과 의식(정신: soul)을 입은 것이다. 그분의 삶의 스타일이 바뀌었는가? 그분이 그리스도인으로 살아가는 자신의 방식을 바꾸셨는가? 하나님의 방식이 달라졌는가?

예수 그리스도께서는 비물질적인 영역, 즉 영적인 영역과 지속적으로 접촉하셨다. 지구위에 계셨지만 그 분은 그리스도인으로 사시던 영원에서의 삶을 기억하고 계셨다. 예수께서는 그분이 사시던 이전 삶의 스타일을 기억하셨다.

이제 그 분은 곧 그분의 사역을 시작하실 것이다. 이제야말로 중요한 변화가 일어날 시점일까?

소년이었을 때 그리스도인의 삶을 사시던 예수의 방식과 목수로 계실 때 그리스도인의 삶을 사시던 예수의 방식은 정확하게 동일한 방식, 동일한 패턴이었다. 그것은 과거 삼위일체 안에서 그분이 사시던 방식, 즉 하나님의 방식이었다. 이 방식은 조금도 달라지지 않았다.

하나님께서 지금 도대체 무슨 일을 하고 계신 걸까?

그분은 지금 그리스도인의 삶을 이 지구에 도입하시는 중이다. 당신은 지금 이 아름다운 별 위에서 한 인간이 어떻게 그리스도인으로 살아야 하는지에 대한 아버지의 버전을 보고 있는 중이다.

하지만 주의 깊게 관찰하라. 여기엔 그리스도인의 삶을 살기에 필요한 중요한 원리뿐만 아니라 교회개척자를 훈련시키는 아버지 하나님의 방식도 들어있다. 더 나아가 교회생활에 필요한 가장 기본적인 요소가 이 안에서 계시되는 것을 당신이 볼 수 있다.

맞다. 과거 영원 안에서 삼위일체 하나님이 이루시던 그 단순한 교제는 에클레시아를 암시하는 최초의 예시이다. 삼위일체 안에서 나누시던 그 내적인 관계야말로 최초의 교회생활인 셈이다. 그 경험이 지금 우리의 별에 소개되고 있는 것이다. 나사렛의 목수가 그의 아버지와 나누던 친밀한 교제를 당신이 볼 때 그것은 사실, 미명 속에 살짝 드러나는 교회의 모습이라고 믿어도 좋다!

동시에, 이 일들이 진행될 때 아버지께서는 사실 최초의 그리스도인 사역자를 세우는 중이셨다! 어떻게? 철학적인 교육을 통해? 목공소에서? 그것은 마티아스와 스반이 받았던 수업보다 훨씬, 정말 훨씬 더 괜찮은 교육이었다.

예수를 사역자로 일으켜 세우시는 이 하나님의 방식은 이후 주님께서 열두 제자를 일으켜 세우실 때 다시 한 번 그대로 재현된다.

잊지 마시라. 교회 생활은 하나님의 천위에 수놓아지는 본질적인 삶이다. 그리스도인의 생활과 교회생활이란 떼려고 해야 뗄 수 없는 하나로 엮어진 삶이다. 그리스도인 사역자를 세우는 그 마땅한 방식도 나사렛에서 이미 주어졌다. 하나님에 의해!

절대로 중단될 수 없는 하나의 패턴이 그 최초의 교회경험에서 흘러나온다. 오늘날의 방식으로 대체할 수 없는 패턴!

한번 보자.

7
예수와 열 두 사내

예수께서는 영원의 세계에서 경험하셨던 그 분의 교회생활을 이 지구의 영역으로 끌어들일 방법을 아버지께 전수받으셨다. 그리스도인의 삶이 하늘의 영역에서뿐 아니라 이 물리적인 세계에서도 작동한다는 사실을 친히 입증하신 후 그 분은 더욱 확신을 갖게 되었다. 그러므로 이제 그 분의 본격적인 사역이 펼쳐질 시간이 된 것이다.

마침내 그 분은 목공소의 문을 닫았다. 그리고 그 장소를 떠나셨다.

하지만 젊은 목수의 심장을 뛰게 한 것은 이것이 전부가 아니다. 그는 이미 영원의 세계에서 교회생활을 배우셨다. 그는 아버지 안에서 성령님과 함께 교제하면서 그 교회생활을 경험하셨다.

예수께선 그리스도인 사역자가 되기 위한 훈련도 이미 받으셨다. 지금 지구위엔 그분 외에 다른 어떤 그리스도인 사역자도 없다. 아니 그리스도인 사역자는커녕 그분 외에 다른 어떤 그리스도인조차 살고 있지 않다. 그리고 그분이 목공소의 문을 닫던 그 주목할 만한 날에, 지구상엔 교회생활이라는 자체가 존재하지 않았다.

그는 이제 이 모든 상황을 바꿀 참이었다.

전도하기 이전, 영혼을 치유하기 이전, 그분이 내리셨던 결단은 그분 곁에 머물 몇 사람을 불러 모으는 것이었다. 그들이 그분의 임재가운데 살 수 있도록!

'아버지의 방식'을 지구위에 들여오기 위해 아들은 지금 '아버지의 방식'을 적용하는 중이다. 아들은 지금까지 아버지의 임재가운데 살고 있었다. 아들이 불러 모은 열 두 사람도 이제 아들의 임재가운데 살게 될 것이다. 이 방식은 아버지께서 예수의 삶 안에 행하셨던 방식인 동시에 이제 예수께서 자신이 불러 모은 사람들 안에서 행하실 방식이었다!

우리는 지금, (1) 지구상의 유일한 그리스도인 (2) 그리스도인의 삶의 방식을 실제로 알고 있는 단 한 사람 (3) 이미 풍성한 교회생활을 경험하신 분 (4) 그리스도인 사역자로 부름 받았고 이미 그 훈련을 받으신 분 (5) 자신 외에 다른 그리스도인 사역자를 세우려고 열 두 사람을 곁에 부르신 바로 그 분을 주목하고 있다.

이 분은 이 모든 것을 성취할 하나님의 방식을 이미 실제로 경험하셨다. 그리고 이제 그 방식을 누군가에게 물려줄 준비를 하고 계신 것이다.

아버지께서 예수를 부르셨던 것처럼, 이번엔 예수께서 열 두 사람을 부르셨다. 아들의 훈련이 완성되었을 때 아버지께서는 아들을 세상에 보내셨다. 이제 그들의 훈련이 완성되었을 때 예수께선 그 열둘을 세상으로 보낼 것이다. 그 열 두 사람이 부름을 받을 때 하나님과 천사들 외엔 누구도 그들을 주목하지 않았다!

그렇다면 하나님과 천사들은 무엇을 주목하고 있었을까?

지구위에 접목되는 하나님의 방식! 즉 아들이 아버지의 임재가운데 살던 것처럼 그 열두 사람이 예수의 임재가운데 살게 될 것을 주목하고 있었다.

단지 소수의 사람들이 아들을 따랐다. 그럼에도 그 소수의 집단 안에 하나님께서 창세전에 마음에 두셨던 모든 희망이 걸려있었다.

지금까지 전개된 과정 중에, 현대 그리스도인 사역자들이 세워지는 과정과 닮은 부분이 있는가? 하나님의 방식과 오늘 우리들의 방식사이엔 어떤 유사점도 보이지 않는다. 당신이 보기엔 이 둘이 비슷한가?

열 두 사내들은 거듭거듭 실패했다. 그들 안에선 어떤 신령한 것들도 보이지 않았다. 그렇다고 해서 예수께서 다른 대안(Plan B)을 들여오셨는가?

당신과 나처럼 이 열두 사람들은 "다른 영역"에 대한 어떤 경험도 없이 시작했다. 영적인 면에 있어서 이 열두 사람은 정말로 네안데르탈인이었다. 부모와 아이들이 예수께로 다가오는 것을 밀어내던 그들의 모습을 기억하는가? 그들은 무지로 얼룩진 이기심과 오만함으로 이런 판단을 내렸고 자신들 외에 다른 사람이 복음을 전파하는 것을 막으려 애썼다! 우리처럼 그 열두 사내들도 편협하고 종파적이었다.

게다가 이들 한 사람 한 사람은 예수 그리스도께 깊은 인상을 주려고 애쓰고 있었다. (물론 그분은 깊은 인상을 받지 못했다.) 그들은 그분이 누군지, 어디에서 살다 오셨는지, 그 분이 지금까지 무슨 준비를 해 오셨는지, 타락한 인간성을 직관하시는 그 분의 통찰력이 어디서 오는지, 그리고 그들 자신이 얼마나 타락한 본성을 소유하고 있는지 전혀 깨닫지 못했다.

현존하시는 하나님과 함께 살았음에도 그들에게 4년이라는 세월이 필요했다. 십자가와 부활, 승천을 눈 앞에서 목격하는 것은 물론 그들 안에 거룩한 생명이 들어오고 그들 위에 성령이 임했을 때 조차도 그들은 가까스로 그 위기를 헤쳐나갔던 것이다.

우리 역시 이 사람들과 다를 바 없다. (그들이 받았던 훈련은 우리에게도 절실하다.) 그들은 영원한 헌신을 맹세했지만 부활하신 후에조차 발걸음을 돌려 집으로 향했다 … 물고기를 잡을 목적으로!

주님은 그들의 어리석은 질문에 대답해야 했고, 주무시다말고 일어나야 했으며 가족 간의 사사로운 갈등을 해결해주어야 했다. 그런 일들이 주님이 하셔야 할 일인가!

그러는 동안 그들은 주님의 모든 움직임을 눈여겨보았다.

주님의 눈썹이 미동하는 것까지 그들의 눈에 감지되었다. 바리새인들이 방으로 쳐들어와 말싸움을 걸고 그분을 흔들어댈 때도 그들은 주님을 지켜보고 있었다. 그 분의 손가락, 표정, 호흡까지도 그들의 눈에 들어왔다. 그 분은 그런 방식으로 열두 사람들에 의해 검증

받으셨다.

그럼에도 하나님은 그 방식을 바꾸지 않으셨다.

본질적이고 근본적인 변화가 그들에게 필요함을 주님은 알고 계셨다. 실제로 그들에겐 생물학적인 돌연변이 정도의 변화가 필요했다. 그들은 생물학적으로 바뀐 유전자를 소유할 필요가 있었다. 그에 미치지 못하는 다른 변화는 그 죽은 영과 손상된 혼을 가진 사람들에게 별 효력이 없었다.

그들 안에 신성이 심겨질 필요가 있었다. 그 신성이 그들의 중심에서 시작해 점차 그 주변으로 변화를 이끌어가야 했다.

8
예수의 제자 훈련

공적인 사역 첫 해에, 예수께서는 그 분이 특별히 좋아하시는 일을 시작했다. 그분은 열두 사람을 불러 자신의 곁에 머물게 하셨다. 그리고 자신과 그들이 가까운 사이라는 사실을 분명히 했다. 이 열둘 외에 70명이 더 있었다. 그 70명 외에도 수백 명 가량이 더 있었다. 그 외에는 모두 변덕스러운 사람들이었다.

예수께서는 그 분의 평생을 이 제자들을 섬기는데 쓰기로 결정하셨다. 그분이 하셨던 모든 일, 그분의 모든 말씀, 그분이 자신의 인생 가운데 허락한 모든 상황들(그리고 그 상황들에 대한 그분 자신의 반응까지도)은 그 열두 사람의 훈련을 돕기 위한 것이었다.

군중이 적을수록 더 효과적인 결과가 도출된다. 주님께선 이 열두 사내에게 3년간의 사역 대부분을 할애하셨다. 창조의 목적인 동시에 영원 전부터 펼쳐져왔던 그 장구한 역사의 운명을 주님은 이들 위에 걸었던 것이다! 이제 3년 동안의 사역의 결과는 이 열두 사람에게 달렸다. 그리고 이제 주님께선 그들과의 끊임없는 교제 가운데 들어가실 것이다.

군중들이 집으로 돌아간 후에 그분은 이 사람들과 따로 대화하셨다. 그날, 그분이, 왜, 그리고 어떻게 그 일을 했는지, 그 일을 하기 위해 주님이 끌어다 쓰신 자원은 어디서 온 것인지, 긴 시간동안 공을 들여 그들과 소통하셨다.

종종 주님께선 이 작은 그룹을 위해 군중들과 떨어져 앉아 이들과만 대화하셨다. 항상 대화만 나누신 것은 아니다. 때론 아버지의 임재가운데 있는 자신의 모습을 드러내시기도 하셨다. 배우는 속도가 느린 열두 제자들에게 그런 순간들은 그들이 겪은 훈련생활 중 최고의 순간으로 각인되었다.

〈여담: 사역자들을 훈련시키는 현대기독교의 방식도 이러한가?〉

예수의 가치관

삼년동안 예수님의 말씀을 들었던 수천 명의 군중들 중에 그 분을 추종했던 사람들은 오백 명이 넘지 않았을 것이다.

그러나 그분은 이런 상황을 당연한 일로 여겼다.

당신의 주님은 숫자에 연연하지 않으셨다. 그분은 이 지구위에 새 "나라"를 세우러 오셨다. 다른 어떤 왕국보다도 더 오래 남을 기초가 튼튼한 그런 나라가 주님이 마음속에 그리시는 나라였다. 그 나라는 견고하게 뿌리를 내려 그 나라가 세워지는 그 행성(지구-역주)보다도 더 오래 지속될 것이었다! 아버지께서 그분에게 상속해 주신 그 유산을 제때에 나눠줄 그 한 사람이 없는데 수많은 군중을 확보하는 것이 무슨 유익이 있겠는가! 이제 주님께서는 그 모든 것을 열두 제자에게 넘겨줄 작정이셨다.

만약 이 열두 사람이 없다면? 창조이전부터 존재했던 이 놀라운 삶, 창조이전부터 실재하던 이 놀라운 경험, 목수의 작업실에서 재경험되었던 바로 그 삶을 넘겨줄 이 열두 사람이 없었다면 … 우리에게 어떤 일이 일어나게 될까? 이 모든 경험은 지금 갈릴리의 현장노동자 한 사람 외엔 누구도 경험하지 못한 상태이다.

"삼위일체 하나님과의 이 친밀한 교제를 전수받을 열두 사람이 없었다면 … ?" 이라는 이 질문의 답이 궁금하다면 바로 그런 사람이 존재하지 않는 오늘날의 기독교! 그 한복판에 서 있는 당신 주변을 둘러보라. 당신이 둘러보는 바로 그 현실이 이 질문에 대한 답이다. 다른 말로, 지금 우리에게 절실한 것은 이 친밀한 교제를 전수받을 그 한 사람이란 말이다.

하나님께서 그런 사람을 우리가운데 회복시키시기를! 하나님께서 예수 그리스도께서 하셨던 그 방식을 다시 우리가운데 행하시기를!

우리는 이제, 삼위일체 안에서 경험했던 자신의 경험을 허물 많은 인간에게 계시하시며 그것을 넘겨주기 시작하는 예수님께 집중하고 있다. 아버지는 이미 아들 안에서 그 일을 시작하셨다. 이젠 아들이 열두 사람 안에서 그 일을 시작하실 것이다. 이후 여기 지구에서 전개될 상황은?! … 그것이 우리가 주목할 부분이다.

예수 그리스도께서는 그 일의 주춧돌을 놓는데 자신의 삶과 사역을 집중하셨다. 그 주춧돌이 여기 있다.

기억하라. 이것은 오늘날 우리가 흔히 말하는 그 제자훈련을 의미하는 것이 아니다. 시공간 밖에서 살아오신 그분과 함께 살아본 경험이 없는데 그 사람이 어떻게 다른 사람을 제자 삼을 수 있단 말인가? 1세기 스타일의 에클레시아 생활에 대해 경험조차 없는 사람이 어떻게 다른 사람을 제자 삼을 수 있겠는가? 그 자신이 하나님의 방식으로 세워진 경험이 없는데 어떻게 다른 사람을 제자로 일으켜 세우는 것이 가능하겠는가? 결국 사람의 방법으로? 오늘날 우리가 행하는 제자훈련이란 제자훈련에 대해 기록한 책을 공부하는 것뿐이다.

이것은 1세기 스타일이 아니다. 그렇다면 우리가 하는 그 제자훈련은 도대체 무엇이란 말인가? 그것은 그냥 사람이 사람에게 행하는 사람의 방식일 뿐이다!

예수께서 열두 사람을 부르고 세워나가셨던 과정은 오늘날 우리가 그리스도인 사역자들을 일으켜 세우고, 교회를 세워나가는 방식과 송두리째 다르다.

예수께서는 영원의 세계에서 경험하셨던 그 분 자신의 경험을 열두 제자와 나누셨다. 지구에 오신 후 그 분이 목공소에서 경험했던 그 경험도 그들과 공유하셨다. 주님께선 그 두 번의 경험을 열두 사람들 안에 풀어놓으셨다. (그것이 예수에겐 제자훈련이었다.) 그리고 그 두 번의 경험은 사실 하나의 경험이나 마찬가지였다. 이 열두 사람은 이것을 경험한 후 언젠가 삼천 명 안에서 이와 동일한 일을 재현할 것이다. 지금 주님께선 그것을 염두에 두시며 그들 안에서 사역하고 계신다.

하지만 그분의 제자들은 너무 더디게 이것을 배우고 있었다. (우리가 그런 것처럼!) 선생인 그분과 제자인 열두 사람사이에 일어났던 일들을 우리가 좀 더 살펴볼 필요가 있다. 잘 알아듣지 못하는 사람들을 일으켜 세우시는 하나님의 방식을 눈여겨보라.

9
예수의 방식

열두 제자들은 "학업 지진아"들이었다. (열두 사람 중 아홉-열 명은 글을 읽을 줄도 몰랐다.) 과연 주님의 그 모든 경험들이 성공적으로 이들에게 상속될 수 있을까? 지금 주님께서 이 열두 사람들에게 넘겨주시려는 유산들은 다음과 같다.

(1) 그분이 아버지 안에서 살던 그리스도인의 삶의 방식.

(2) 그분이 삼위일체 안에서 경험하던 교회생활, 그리고 이후 갈릴리에서 다시 한 번 반복하신 그 교회생활.

(3) 그리스도인 사역자가 되기까지 그분이 받으셨던 아버지의 훈련방식. 그리고 그 동일한 방식으로 열두 사람을 사역자로 세우는 일.

그렇다. 예수께서는 이 세 가지 일을 하셨다! 그분이 이 일을 위해 걸어 들어가신 곳은 움직이는 교실, 갈릴리의 들판과 거리들이었다. 주님께서 한 무리의 사내들에게 그리스도인의 삶과 교회생활을 가르쳐 급기야 그들을 그리스도인 일꾼으로 세우기 위해선 온 갈릴리를 교실로 사용할 필요가 있었다. 주님께서는 그들로 하여금 교회의 본질적인 맛을 알도록 훈련시키셨다. (오늘 우리들이 말하는 교회생활이 아니라, 에클레시아의 생활이 무엇인지-실제 하늘의 버전으로!)

이제 새로운 무대에 서게 된 열두 사람.

시작은 언제나 중요하다. 영원에서의 첫 무대엔 아버지와 함께 아들이 서 있었다. 두 번째 무대는 나사렛의 한 목공소에 서 계신 인간 예수와 함께 시작되었다. 그리고 이제 세 번째 무대가 시작된다. 첫 무대와 두 번째 무대에서 흘러나온 신령한 요소들이 타락한 인간위에 전수되는 순간이다!

예수께선 첫 무대와 두 번째 무대에 참여하셨다. 세 번째 무대가 시작될 때는 열 두 사람이 거기에 참여하고 있다. 그리고 앞으로 알게 되겠지만 또 다른 무대들이 열리고 또 다른 "새 출발"이 전개될 것이다.

우리는 지금까지 아버지께서 그분의 아들을 준비시키는 놀라운 과정들을 목격해왔다. 이제 아들이 그의 제자들을 준비시키는 과정들을 눈여겨보라.

아들의 방식

예수께서 일하시는 방식은 사람이 모방할 수 없는 방식이다.

제자도를 다루는 우리시대의 책들이나 성경의 제자도를 조명하는 우리시대의 관점은 갈릴리의 예수께서 실제로 행하셨던 그 방식들에 좀처럼 다가서려 하지 않는다. 간접적으로라도 접근하지 않는다! 아버지의 방식이란 아버지와 함께 계신 아들을 위한 것임과 동시에 아버지 그 자신이었다.

예수의 방식이란 그와 함께 하는 열두 사람을 위한 것임과 동시에 예수 그 자신이었다. 이치는 그토록 간단하다.

몇 년 후, 바울이 여덟 명의 젊은 이방인 사역자들을 훈련시키는 방식은 다름 아닌 예수로부터 흘러나온 것이었다. 그것은 사람이 모방할 수 있는 방식이 아니다. 결코 인위적으로 조작해낼 수 없다. 지금 이 지구위에서 행해지는 모든 방식을 동원할지라도 그것은 불가능하다! 현대 복음주의 신앙은 예수의 방식을 미루어 짐작도 못한다. 예수의 방식보다 더 나은 것은 없다. 그 외 모든 것은 지푸라기와 같은 것들이다.

그리스도인 사역자를 세우는 우리 시대의 사고방식은 지난 1700년 동안 사용되어온 오랜 전통이다. 그러나 그것은 예수 그리스도께서 품으셨던 그 개념이 아니다. 오늘날의 방식은 아버지께서 예수 그리스도를 일으키셨던 그 방식과 조금도 유사하지 않다. 전자는 지극히 머릿속 지식이고 심각할 정도로 비실제적이다. 후자는 그 자체로 하나의 생명을 표현한다. 하나님의 생명양식.

다시 한 번 반복한다. 교회를 개척하고 그 일꾼들을 일으켜 세우는 바울의 방식, 아니 그리스도인의 삶을 표현하는 바울의 방식은 오늘 우리들의 방식과는 조금도 닮지 않았다. 바울의 방식은 예수께서 취하셨던 방식의 복사판이었다. 그리고 예수의 방식은 하나님의 방식이었다.

주님의 방식은 단순했다. 열두 사람을 그의 주변에 불러 모으고, 그들로 하여금 신적 속성의 임재가운데 살게 하고, 그들에게 그 신적 속성에 의한 삶의 방식을 보여주셨다.

그들은 그분이 매일 매일 하나님 안에 깃들어 사는 것을 보았다. 그것은 그분이 과거 영원 속에 사시던 그 삶의 방식이었다. 그들은 매일 예수의 내면에서 어떤 일이 일어나고 있다는 인상을 받았다. 그리고 그것은 장차 그들 안에서도 일어나게 될 일이란 사실을 직감하였다.

열두 제자는 하루 중 대부분의 시간을 주님으로부터 5-6미터 이하의 근거리에서 생활했다. 그에 앞서 예수께선 영원의 시간+30년을 아버지와 가까운 곳에서 생활했다. 얼마나 가까운? 5-6미터의 거리? 예수 그리스도께서는 지구에서 보낸 시간과 영원의 세계에서 보낸 그분의 전체 삶을 하나님의 임재 안에서 하나님과 한 몸으로 생활하셨다.

열두 제자는 주님의 입에서 나오는 모든 말씀을 들었다. 나지막한 대화부터 바리새인들을 향한 격렬한 말씀까지. 한 이방인 군인과 나누는 대화부터 공급된 음식에 "감사" 하는 말씀까지 모두 들었다. 그분이 주무실 때의 숨소리도 들었다. 그들은 또한 매일 그분이 살아가는 삶의 스타일을 보았다. 그 스타일의 중심에, 대화의 중심에, 그분의 모든 것 한 복판에 그분의 아버지께서 존재하심을 그들은 똑똑히 목격하였다.

예수께서는 결코 정보나 객관적인 사실에 의해 어떤 일을 처리하신 적이 없었다. 모든 것이 영원성, 보이지 않는 세계와의 접촉에 의해 다루어졌다. 열두 제자는 그분이 주시는 말씀이 교훈이 아닌 계시였음을 그럭저럭 알게 되었다. 당신의 주님은 계시하시는 분이다. 객관적인 사실이나 도덕적인 교훈을 가르치는 선생이 아니다. 그 차이를 당신이 알 수 있었으면 좋겠다. 말쟁이가 아닌 계시자(예언자)의 손에 당신이 훈련받았으면 좋겠다.

계시가 그토록 중요한 요소인가? 그렇다면 계시란 도대체 무엇인가?

계시가 무엇인지 잘 이해하려면 무엇이 계시가 아닌지를 먼저 이해하는 것이 도움이 된다! 종말의 시기를 다루는 것은 계시가 아니다. "고급 리무진을 타야한다는 계시를 하나님께서 주셨다"든가, "신약성경에 버금가는 책을 썼다"는 광고들도 계시가 아니다.

단 하나의 계시만 존재한다. 그리스도를 드러내는 것이 계시이다. 그리스도 역시 단 한 종류의 계시만 보이셨다. 그분에게 있어 계시란 아버지를 드러내는 것이었다.

그리스도께서 계시되는 곳은 우리가 시공간을 벗어나 그분과 교제하는 그 지점이다. 거기서 그분을 접촉할 때 우리는 그분을 이해하게 된다. 주님이 거기서 주시는 계시는 종말론에 관한 말씀이 아닐 것이다. 오히려 기독론(Christological)적인 말씀일 것이다. 우리에게 주어질 계시가 있다면 그것은 그리스도께서 어떤 분인지에 대한 계시일 뿐이다.

그분은 무엇보다도 자기 자신을 드러내신다. 계시란 곧 그리스도 그분 자신이시다. 그 계시가 주어질 때 당신은 주님에 대한 객관적인 사실이나 그분의 경이로움과 영광을 이론적으로 나열하는 데서 벗어나게 될 것이다. 그것만이 진정한 계시이다.

당신이 보다시피 이제 갈릴리의 수업은 더욱 더 진지해지고 있다. 주님으로부터 제자들에게 흘러가는 계시를 주시하라. 이제 당신이 막 읽게 될 그 일들을 하나님께서 우리에게도 허락하시기를.

10
예수께서 가르친 교회생활

이제 좀 더 깊이 들어가 보자. 하나님께서 사람을 일으켜 세우시는 방식을 우리가 상실하고 망각한지 오래되었기 때문에 이 열두 사람이 훈련받았던 3년의 시간에 접근할 때 우리는 지혜로울 필요가 있을 것 같다.

이 부분을 다룰 때에, 이후 바울이란 사람이 이와 동일한 방식으로 여덟 명의 이방인 사역자를 일으켜 세웠다는 사실을 염두에 두라. 바울이 그 여덟 젊은이에게 보여주었던 것은,

그리스도인의 삶 (하나님 방식의)

교회생활 (하나님 방식의)

그리스도인 사역자의 삶 (하나님 방식의)

사역자 훈련 (하나님 방식의) … 바로 그것이었다.

교실은 갈릴리 전 지역. 교사는 성육하신 하나님. 이것이 의미하는 바는 무엇일까? 예수께서는 자신이 아버지에 의해 세움을 받으

실 때의 그 경험으로 지금 열두 사람을 이끌고 계신 것이다. 이 고대의 방식, 그리고 우리가 오랫동안 잊고 있었던 스타일을 결코 다시는 잊지 마시라. 사람을 일으키시는 예수의 방식, 이후 바울이 재생했던 이 방식 … 어떻게 그리스도인의 삶을 살며 어떻게 진정한 교회생활을 경험할 수 있는지!

하나님께서 우리를 다시 이 방식으로 이끄시길!

주님께서 그 훈련과정에 담으셨던 몇 가지의 주제가 여기 있다. 물론 오늘날엔 좀처럼 발견하기 힘든 주제들이지만!

핍박

주님의 가르침 속에 일관되게 나타나는 경고가 하나 있다. 고통과 핍박이 따를 것이고 또 그것이 그들에게 필요하다는 말씀이 다.

오늘날 그리스도인 사역자들을 훈련시키는 교육과정에서 전혀 강조되지 않는 주제들 중의 하나를 고르라면 바로 이 '핍박'이라는 주제가 당연 상위를 차지할 것이다.

사람들이 쏟아내는 악평과 잔인한 처사들만큼 이제 막 출발하는 젊은 그리스도인 사역자들에게 충격으로 다가오는 것들은 없다. 젊은 사역자들은 늘 충격 속에 노출되어 있다. 그러나 여기서 말하는 핍박이란 그런 상황과 직면하게 될 위험을 말하지 않는다. 그것이 결코 핍박으로 인식되어서는 안 된다.

그리스도인 사역 그 자체로 핍박받는 경우란 대부분의 사람들에게 매우 드문 일이다. 사역자들을 위한 비난? 있을 수 있다. 험담? 있을 수 있다. 그러나 실제로 물리적인 위기에 처하거나 생명의 위험에 놓이는 경우의 핍박은 어떨까? 그런 종류의 핍박은 제도권교회 밖의 특정 그리스도인들에게나 해당되는 것으로 인식된다.

십자가는 어떨까?

십자가는 웬만해선 언급되지 않는 주제이고, 지금까지 언급되지 않는 주제였으며 앞으로도 되도록 언급되지 않을 주제일 것이다. 우리 그리스도인들에겐 나쁜 일이 일어나선 안 될 것 같은 묘한 공감대가 형성되어 있다. 이 어찌된 일인가?

한 사람이 그리스도를 섬기기 시작한 첫날부터(또는 목사가 그의 교회를 시작한 첫날부터) 그가 죽을 때까지 그의 인생 중에 계속될 두 가지 사건이 있다. 그 중 하나가 바로 핍박이다. 그리고 다른 하나는 분열 또는 그 분열로 인한 후유증일 것이다.

이 두 가지가 그리스도인 사역자를 파괴하기 쉬운 대표적인 요소들이다. (사역자들뿐만 아니라 우리 모두를!)

부름 받은 하나님의 젊은이들이 부디 십자가에 못 박히는 그리스도인 사역자를 목격할 기회를 얻게 되기를! 그래야 할 절박한 필요가 우리에게 있다. 왜 그런가? 만약 당신이 그리스도인 사역자라면 십자가에 못 박히게 될 것이다. 당신이 십자가에 못 박혀야 한다면 그때 어떻게 십자가에 못 박혀야 하는지를 알아야 한다. 즉 당신이 목격한 선례가 있어야하고 당신은 그 선례를 따를 필요가 있다는 말이다.

당신이 십자가에 못 박히는 그 현장을 젊은이들에게 제공할 수 있게 되기를! 당신이 십자가에 못 박히는 현장을 그들이 목격할 특권을 갖게 되기를! 당신이 그 젊은이들에게 부디 하나님의 방식으로 십자가에 못 박히는 것이 무엇인지를 보여줄 수 있기를!

대부분의 그리스도인들은 십자가에 못 박히는 것을 거부한다. 확신해도 좋다. 그 대신 그들은 자신을 십자가에 못 박는 사람들에게 전쟁을 선포한다. 자신의 인생에 십자가가 침입하는 것을 기꺼이 허용하는 사람은 극히 드물다. 십자가에 못 박힐 때 하나님의 방식을 드러내는 사람을 우리가 목격할 기회는 더욱 그러하다.

부디 예수의 스타일로 십자가에 못 박히시기를!

우리가 핍박을 맞이할 때 어떤 반응을 보이는지, 예수께선 우리들의 경향을 잘 알고 계신다. 하나님의 백성들에게 감히 나쁜 일이 일어나선 안 된다고 단정해버리는 우리들의 단호한 입장에 대해서도 그분은 잘 알고 계신다.

그래서 예수께서는 그분의 제자들에게 한 가지 사실을 분명히 하셨다. "너희들이 맡은 일은 사람들에 의해 거부당할 것이다." 그분은 또한 자신을 따르는 추종자들이 핍박을 견디는 지식에 도달하지 못했고 그래서 핍박당할 때 충격을 받을 것이란 사실도 잘 알고 계셨다.

그래서 그들이 미움과 모함 속에 처하며, 채찍질 당하고, 여러 종류의 권력 앞에 체포당하고, 거기서 갖가지 누명을 쓴 채 피소될 수 있음을 주님은 분명히 하셨다. 그러나 예수께서는 그런 시련의 한복판에서 그분을 증거 할 기회를 얻게 될 것이란 사실 또한 분명히 하셨다. 이 예상 가능한 모든 일들에 대비하여 열두 제자는 훌륭한 발판을 마련하게 되었다. 왜 그런가?! 예수께서 이 모든 갈등가운데 그분 스스로를 어떻게 밀어 넣는지 그들의 눈으로 목격하였기 때문이다. 그분이 제자들을 돌아보며 하신 말씀이 여기 있다. "종이 주인 위에 있을 수 있느냐? 과연 그러하냐?"

이 명백한 사실을 그들이 사전 점검할 수 있는 순간이 있었다. 열두 명의 추종자들은 그들의 주님이 사단의 아들, 무법자, 신성 모독자, 술주정뱅이, 악령에 사로잡힌 자라고 불리는 소리를 들었다. 이제 그들 역시도 그렇게 불리게 될지 모른다는 사실을 그들은 점차 깨닫기 시작했다. 그분은 미움을 받았다. 이제 그들도 미움 받게 될 것이다. 그들의 주님과 똑같은 방식으로, 그리고 똑같은 무게로.

그리스도인 사역자가 된다는 것이 무엇을 의미하는지 가장 가까운 현장에서 목격할 기회를 주님은 그들에게 제공하셨다.

사역자의 자질과 관련하여 예수께서 열두 제자에게 보이신 또 하나의 실제적인 모범이 있다. 그것은 내어주는 일(losing)과 관련된 것이다.

상실(내어줌)

그리스도인 사역자라면 누구든 그의 지도력 밑에 있는 누군가 그의 곁을 떠나지 못하도록 있는 힘을 다해 붙잡을 것이다. 그들은 무엇을 위해 애쓰는 것일까? 그들이 속한 그룹이 더 이상 작아지지 않도록 애쓰는 것이다. 어떤 그룹에 속해있는 한 형제가 다른 그룹으로 이동하려 할 때 거의 모든 지도자들은 그에게 경고하고 그를 비난하거나 비하할 것이다.

현대 기독교가 앓고 있는 엄청난 재앙의 원천이 자신의 추종자를 지켜내려는 지도자들의 집념에서 시작된다. 떠나려는 사람을 소유하려는 노력은 모든 공포정치의 어머니이다. 그것은 현대 기독교가 신음하고 있는 엄청난 재앙의 원천이다. 실제로 신자들을 소유하고 그 숫자를 유지하려는 노력은 그리스도인 사역자들에게 나타나는 최악의 행동 중 하나이다. 자신의 그룹에 속한 사람을 빼앗기지 않으려는 발버둥은 가장 추해질 수 있는 선택 중 하나이다. 그러한 행위들이 가리키는 것은 오직 하나, 그들의 가슴에 십자가를 수용한 적이 없다는 사실을 드러낸다. 그들은 상실을 배운 적이 없다.

이런 모습은 예수 그리스도의 방식이 아니다. 2천 년 전, 그분은 결코 군중을 소유하려고 애쓰지 않는 역사 이래 유일한 그리스도인이셨다. 실패와 상실은 그동안 간관 되어온 기독교신앙의 양대 기둥이다. 싸워 이기고 지켜내는 것 대신에 그분은 어떻게 상실하는지를 열두 사람들에게 보여주셨다. 그분은 자신을 따르는 핵심집단의 규모가 더 작아지면 어쩌나, 신경조차 쓰지 않으셨다.

어떻게 그렇게 하실 수 있었을까? 그분이 남겨두신 시간- 3년-이 정말 얼마 되지 않았는데도 말이다! 이유가 있었다. 그분은 자신이 누구인지를 잘 알고 계셨고 자신이 상실을 견딜 수 있다는 사실도 알고 계셨다. 독특한 훈련을 받았기에 "자신이 누구인지"를 잘 알고 있는 그런 사람을 하나님께서 우리 교회가운데 주시기를!

예수 그리스도께서는 자신이 무슨 일을 하고 계신지 잘 알고 계셨다. 그분은 자신이 준비해 오신 일들에 분명한 확신을 갖고 있었다. 그분이 받은 독특한 훈련, 그리고 아버지의 부르심과 파송에 대한 굳은 확신이 그분 안에 내재되어 있었다. 부디 그분과 같은 종족이 많아지기를. (우리가 이와 같은 일을 행하시는 하나님의 방식으로 돌아간다면 그분의 종족은 분명 증가할 것이다.)

신자들의 뒤를 쫓는 사역자들, 그들을 소유하기 위해 두려움을 제공하는 사역자들! 그들 안에는 확신이 없다. 매우 불안한 사람들이다. 그들은 하나님의 방식에 익숙하지 않다. 예수 그리스도께서는 불안해하지 않으셨다. 그분은 잃을 준비가 되어있었다.

이 네 가지 확신, 즉 부르심에 대한 확신, 자신이 받은 훈련과정에 대한 확신, 보냄 받았다는 확신, 그리고 상실을 기꺼이 수용할 수 있다는 확신에 깊이 뿌리내린 사람들을 하나님께서 우리에게 허락하시기를. 그리고 이 네 가지 확신이 교회를 일으켜 세우는 모든 현장에 깊이 뿌리 내리기를.

안타깝지만 그것은 우리들의 몫이다. 잃고 … 잃고 … 또 잃고 … 그러고도 다시 상실을 경험하는 것.

때때로 그분은 너무 과하게 이것을 요구하는 것 같아 보인다. 사람을 극한 한계상황으로 몰아붙이는 것처럼 보인다. 그러나 열두 제자를 모두 잃어버릴 수 있었던 그 위급한 순간에 그분이 보이신 모범을 생각해보라. 그 긴장된 순간에 주님은 오히려 상실의 무게를 강조하셨고 그들이 달아나는 것을 허락하셨다!

그분은 친히 상실을 경험하며 사셨다. 당신의 주님은 간직해 오신 것들을 잃게 하시는 아버지, 그리고 그 잃은 것을 다시 찾게 하시는 아버지에 의지해 삶을 사셨다. 열두 제자는 이 모든 것을 옆에서 지켜보았다.

이런 본보기, 이런 삶의 스타일-신령한 삶의 스타일-은 오늘날의 훈련방식이 결코 제공할 수 없는 훈련이다.

핵심은 이것이다. 열두 제자는 그분이 말씀하시는 것을 들었고 말씀하신 것에 의해 친히 살아가는 그분을 관찰했다! 다시 말하면 그들은 사람이지만 사람의 삶을 살지 않는 어떤 사람을 보았던 것이다. 그들은 신령한 생명에 의해 살아가는 한 사람을 보았다. 뒤집힌 가치체계로 살아가는 사람을! 그들에게 그것은 이해하기 쉽지 않았다. 하지만 대상을 전혀 다르게 보시는 그분의 관점과 삶의 방식은 열두 제자에게 깊은 영향을 미쳤다. 하나님께서 우리에게 다시 이런 모범을 허락하시기를.

우리에게 지금 가장 결핍된 것이 바로 이것이다. 신령한 생명에 의해 살아가는 한 그리스도인 사역자! 그리고 그를 옆에서 지켜본 젊은 사역자들. 뒤집힌 가치관에 의해 살아가는 한 사람과 이를 옆에서 지켜본 여러 젊은이들. 모든 상실을 친히 수용하는 한 사람과 이를 옆에서 지켜본 다수의 젊은이들. 기꺼이 십자가에 오르는 한 사람과 이를 목격한 젊은 사역자들, 우리에겐 지금 이들이 절박한 것이다.

이것이 다가 아니다. 열두 사람은 매일같이 아버지와 친교하시는 그분을 옆에서 지켜보았다. 영원의 세계에서 늘 해 오셨던 그 친교를 지구위에서 지속하는 주님을 그들이 목격했던 것이다.

교회생활 경험하기

예수께서는 그동안 우리가 간과해왔던 두 가지의 믿을 수 없는 일을 행하셨다. 우리가 간과했을지라도 그 두 가지는 그분이 펼친 사역의 본질이며 중심이고 핵심이다. 우리의 무관심이 그것의 중요성을 약화시키지 못한다.

예수 그리스도께서는 열두 제자들 가운데 진정한 교회생활을 도입하셨다. 그분은 그들에게 (1) 어떻게 교회생활을 경험하는지, (2) 사람들 가운데 어떻게 교회생활을 불러일으키는지를 보여주셨다.

부디, 하나님께서 우리에게 다시 그런 사람을 보내주시길! 다른 사람들에게 교회생활을 권장하기 이전에, 그리스도의 몸을 이뤄 사는 삶이 어떤 것인지를 자신의 경험을 통해 알고 있는 그런 사람!

주님께서 제자들에게 도입한 그 교회생활의 패턴을 보라.

삼위일체 안에서의 교회생활

목공소에서의 교회생활

그리스도로서 열두 사람과 함께 한 교회생활

장차 열두 사람과 3천여 새 신자들이 함께 할 교회생활.

에클레시아의 삶은 우리 지구에 적합한 삶이 아니다. 신령한 생명을 소유하고 있고 신령한 생명에 의해 살아왔으며 앞으로도 영원히 그렇게 사실 것이 분명한 세 분 하나님 사이의 신령한 교제가 에클레시아의 삶 그 자체이다. 그 방식, 그 경험, 그 에클레시아의 "생활방식"은 아직 여기 지구에 토착화(土着化)되지 않았다. 그것은 다만 나사렛에 처음 등장했을 뿐이고 그 다음 갈릴리와 유대에서 하나님과 함께 살아가던 타락한 열 두 사내들이 살짝 맛보았을 뿐이다.

여기서 우리는 우리 시대의 거대한 걸림돌, 아니 모든 세대의 가장 큰 걸림돌이 뭔지를 발견하게 된다. 하나님의 부르심을 받은 사람들 가운데 지금 하고 있는 일을 중단하고 누군가의 발밑에 앉아 배우는 것을 … 그것도 교회생활에 대해 배우는 것을 흔쾌히 수용할 사람은 거의 존재하지 않는다! 부름 받은 사람들이 가장 싫어하는 것 중 하나가 목회하기 전, 교회생활을 먼저 배우고 경험하는 것처럼 여겨진다. 교회를 일으켜 세우기 전 분명 그 경험을 '먼저' 가져야 함에도 말이다!

이를테면 가정교회 사역자로 부름 받은 사람들은 가정교회라 불리는 어떤 사역을 시도할 만반의 준비가 되어있지만 먼저 가정교회 안에 들어가 그 몸의 한 사람으로 기꺼이 배우려 들지는 않는다. 불가피 그가 세우는 가정교회는 실패하든지 아니면 또 하나의 성직을 낳는 결과로 귀결된다.

그리스도께서는 그렇게 하지 않으셨다. 그분은 배우셨다. 열두 제자도 그렇지 않았다. 그들은 기꺼이 배웠다. 그들뿐만이 아니다. 이제 그 열두 제자의 뒤를 이어 또 다른 사람들이 기꺼이 배움의 자리로 나아오는 것을 당신이 보게 될 것이다. 그들이 누구인가! 이미 교회생활을 경험한 사람, 기꺼이 그것을 배워왔던 사람의 발밑에 앉아 그것을 배울 준비가 된 사람들! 바나바, 빌립, 스데반, 아가보, 유스도, 실라가 바로 그들이다. 그리고 그 다음엔 바울! 그리고 또 그 다음엔 바울의 뒤를 잇는 여덟 명의 이방인 사역자들, 디도, 가이우스, 세군도, 두기고, 드라비모, 소바더, 디모데, 아리스다고! 이 모든 1세기 사역자들이 보냄 받기 이전, 교회생활을 배워 알고 있었다. 그리고 이들 대부분이 이후 교회개척자가 되었다. 자신에 앞서 교회생활을 경험한 사람에게 기꺼이 그것을 배우기로 작정하고 나아온 사람들! 이들은 그동안 어디에 있었는가?

그것보다, 교회생활을 배우는 것이 어느 정도로 고된 일인지를 먼저 가늠하고 싶다면 열두 사내들이 "초기 에클레시아"를 경험하며 분투했던 모습들을 그려보라.

그러나 지금으로선 먼저 갈릴리로 가봐야 한다. 거기에 삼위일체 하나님과의 신령한 교제의 문이 열렸다. 그리고 타락했으나 구속받은 사람들이 이 신령한 교제에 결합하게 된다.

변하지 않는, 변할 수 없는 패턴

패턴이 바뀐 적은 없다. 예수께선 창조이전, 자신이 삼위일체 안에서 어떻게 교회생활을 해 오셨는지를 열두 사람들에게 보여주셨다.

예수 그리스도께서 아버지와 나누셨던 그 관계를 우리는 예수 그리스도와 나누어야 한다. 그 방법을 우리에게 보여줄 사람을 소망하는 것이 무리일까? 그런 사람이 존재하기는 할까? 그리스도 안에서 성장해온 사람, 그리고 그리스도의 몸(에클레시아) 안에서 성장해온 사람을 찾아내는 일이 가능할까? 내 말은 전통적인 교회생활을 말하는 것이 아니다. 혹 전통적인 교회를 벗어났을지라도 다분히 율법적으로 세팅된 그런 교회생활을 말하는 것도 아니다.

주님께서 열두 제자의 훈련을 마치셨을 때, 그들은 주님이 하시던 일을 할 수 있었고 또 실제로 그것을 해냈다. 새롭게 회심한 3천명의 새 신자들과 함께! 그들의 주님이 그들의 삶 가운데 하셨던 그 일을 자신들이 목격한 그대로!

하나님께 감사하라. 그 열두 사내는 마침내 그리스도인의 삶의 방식을 몸에 익힌 것이다. 그 독특하고 유일한 방식을. 그들은 성경공부를 통해 그 방식을 터득하지 않았다! 그것은 내적인 일이었으며 영원하고도 불가시적인 일, 다른 영역에 속한 일이었다. 그것은 그들이 하나님의 임재가운데 살았기에 가능한 일이었다.

그들은 복 받은 사람들이다. 그렇지 않은가? 내주하시는 아버지와 깊이 한 몸 이룬 사람을 아주 가까이에서 지켜보며 그리스도인으로 살아가는 방식을 배울 수 있었으니 말이다. 지구상 가장 뛰어난 사역자가 일하는 방식을 그들은 옆에서 목격하였다! 그리고 가장 완전한 그 사역자로부터 훈련받았다. 그들이 예수께 받았던 훈련은 예수께서 그분의 아버지로부터 받았던 훈련, 바로 그것에 다름 아니었다.

탁자를 앞에 두고 전개되는 성경학교와 신학교 교수진들의 강의는 이런 일을 시도하지도 않거니와 할 수도 없다. 자신이 직접 해보지 않은 어떤 것을 다른 이에게 전수해줄 수는 없는 노릇이다. 우리가 보지 못한 것, 우리가 직접 듣거나 전해 듣지도 못한 것, 심지어 생각하지도 않았던 일을 어떻게 다른 사람에게 전수해준단 말인가!

삼위일체 하나님께서 그 신성 안에서 살아가는 삶의 방식, 곧 그리스도인의 삶! 그 독특한 방식을 터득한 작은 그룹이 이 지구상에 남겨졌다는 사실은 우리에게 너무도 의미심장하다. 우리도 그들과 같은 또 다른 그룹이 될 수 있기 때문이다.

이 지구위에 남겨진 한 작은 그룹이 사역자들을 불러일으키는 하나님의 방식과 아버지가 아들 안에서 준비해 오셨던 그 방식을 터득하고, 그들 자신이 직접 그 방식으로 훈련받았다는 사실은 우리 모두의 큰 자산이 아닐 수 없다. 우리도 그들에 속한 또 다른 그룹이 될 수 있으니 말이다.

진정한 에클레시아 생활을 목격하고 경험했던 한 그룹의 사람들! 그들이 예수 그리스도를 중심에 두고 이 모든 것을 친히 경험했다는 사실은 그토록 중요하다. 그들이 경험한 모든 것을 우리도 할 수 있으니 말이다.

기억하라. 겉으로 드러난 모든 것을 파괴하며 모든 아우성을 잠잠케 만드는 피투성이 십자가 밑으로 당신을 이끄는 것이 에클레시아의 삶이다. 그 경험이 없이는 교회생활이 무엇인지를 결코 알 수가 없다.

이 열두 제자들이 그리스도와 에클레시아의 생활을 제대로 알게 된 지점이 바로 그곳이었다!!

그리고 이 땅 위에 교회가 태어날 수 있었던 시점은 바로 그분과 그들이 십자가와 부활을 경험한 그 이후였다.

11
부르심-훈련-파송

부활하신 후 40일 동안 예수께서는 열두 사람 안에 거하셨다. 열두 사람은 그 영광스러운 날들을 부활하신 주님과 함께 살았다. 그들이 맞이했던 그 졸업식장에 당신이 참여할 때가 올지도 모른다!!

이 땅에서 맡은 일을 모두 해냈다는 확신을 가지고 주님의 몸은 그들을 떠나셨다. 더 이상 가시적으로는 그들과 함께하지 않으셨다.

이제 이 땅에 남겨진 사도들이 과연 교회를 일으켜 세울 수 있을까? 여기서 말하는 교회란 그들이 지난 3년 동안 예수그리스도와 함께 경험했던 그 일의 재생을 말한다. 그들은 과연 특정한 의식(儀式) 없이, 예수 그리스도를 중심에 모시고. 예수께서 그들에게 전해준 그 삶의 양식(樣式, pattern)을 다른 사람들에게 전해줄 수 있을까? 삼위일체 하나님에 의해 그들에게 전수된 바로 그 삶의 양식!

과연 그들이 갈릴리에서 경험했던 그리스도인의 삶, 즉 열두 사람 가운데 들어와 함께 사시던 그 예수 그리스도와의 삶을 재생할 수 있을까? 예수 그리스도를 보지 못한 세대, 개인적으로 그 분의 말씀을 듣지 못한 세대에게 이 아름다운 교회생활을 전해줄 수 있을까? 보이지는 않지만 그들의 중심 속에 살아계신 분, 즉 경험된 그리스도를 새로운 세대들에게 성공적으로 전해줄 수 있을까?

그리스도인의 삶을 사는 그들의 방식(version)이 과연 다른 사람들에게 이식될 수 있을까? 이들 안에 새로운 세대의 일꾼들을 일으켜 세울만한 자원이 존재할까? 이런 많은 질문들의 답이 이제 곧 예루살렘에서 흘러나올 것이다. 솔로몬의 행각이라 부르는 장소에서, 그리고 예루살렘 전역의 가정집 거실로부터! 이후 예루살렘교회가 일시적으로 해산되어 유대전역의 도시와 마을들로 흩어질 때 역시도 이 질문들의 답을 확인해보라.

그렇다. 에클레시아가 출현할 것이다. 그리고 그렇게 출현한 에클레시아 안에 예수 그리스도께서 거하실 것이다. 그분은 그 모임 안에 실재 거하실 것이다. 하지만 그 다음 세대들은 어떻게 될까? 열두 사람이 사라진 후에도 여전히 교회개척자들이 존재할까?

과연 제 3세대 일꾼들이 출현할까? 만약 출현한다면 그들도 이 패턴을 유지할까? 이 3세대의 일꾼들이 과연

(1) 그리스도인의 삶의 방식을 배울 수 있을까?

(2) 교회생활을 알고 경험하게 될까?

(3) 교회개척자로 부름받고, 훈련받고, 파송받을까?

(4) 궁극적인 질문: 그들로부터 멀리 떨어진 미래의 어떤 세대들이 언젠가 이 모든 유산을 다시 한 번 회복하고 재생할 날을 소망하는 것이 가능할까?

이 모든 패턴은 그대로 유지될 것이다. 이 모든 패턴이란? 일을 행하시는 하나님의 방식!

이 모든 패턴을 유지한 채로 제 4세대 그리스도인 일꾼들을 일으킬 제 3세대 그리스도인 사역자들이 등장한다. 그들이야말로 가장 놀라운 반전이 아닐 수 없다!

주님의 부활과 오순절 사이엔 약 50일이 존재한다. 그 기간 동안 이 패턴이 유지되는 일과 관련하여, 즉 하나님의 방식과 관련하여 예수께서 직접 선언하신 말씀을 들어보라.

"아버지께서 나를 보내셨으니, 이제 나도 같은 방식으로 너희를 보낸다."

무슨 말씀인가? "같은 방식"이 의미하는 바에 대해선 우리 안에 공통된 이해가 있다. 하지만 "부르심"과 "파송"이 의미하는 바는 무엇인가?!

부르심-훈련-파송

영원 어디쯤에선가, 우리 모두에게 친숙한 어떤 일을 위해 예수님께서 아버지로부터 부르심을 받았다. (아니, 우리라고?) 그분은 우리의 타락 이전에 그 부르심을 받았다. 천지 창조 이전에! 그분은 우리를 하나로 만들 임무를 부여받으셨다.

여인의 자궁에서 시작하여 나사렛에서 성장하시던 그 때, 아버지께서는 직접 예수를 준비시키셨다. 마침내 요단강가에서 하늘 문이 열리고 한 음성이 들려올 그때 예수 그리스도께서는 아버지에 의해 보내심(파송)을 받았다.

처음부터 그분과 함께 한 열두 사람이 있었다. 이 열두 사람이 아들에 의해 부름받은 그때가 A.D. 26년쯤이었다. 그 후 삼년동안 아들은 친히 그들을 준비시켰다. 아버지가 아들을 준비시키셨던 그 동일한 방식으로. 그리고 마침내 아들이 이 열두 사람을 보낸 것은 예루살렘의 오순절 축제직전, A.D, 약 30년경이었다.

아버지께서 아들을 보내시며 하셨던 그 일을 이제 예수 그리스도께서 열두 사람에게 그대로 행하셨다. 그 방식은 상속되었다. 하나님의 방식은 처음부터 지금까지 바뀐 적이 없다.

다시 한 번 우리는 하나님 방식의 유일성, 통합성, 동일성을 여기서 확인하게 된다. 영원에서 흘러나와 1세기 이야기 속에 스며드는 동일한 패턴! 동일한 삶의 방식! 끊어지지 않고 계속되는!

주님, 그 패턴을 우리가운데 다시 회복시키소서!

열두 사람이 파송 받은 후 성령께선 그들이 어디를 가든 그들과 동행해주셨다. 그리고 그리스도께서는 그들이 어디를 가든지 그들 안에 내주(indwelling)하셨다. 예수께서 어딜 가든 아버지께서 예수 안에 내주하셨던 것처럼.

우리는 지금까지 두 번의 시작을 목격했다. 창조 이전 아버지께 부름 받았던 예수 그리스도의 시작, 그리고 세상의 기초가 놓이기 전 이미 그리스도 안에 구별되었다가 예수께서 사역을 시작하실 때 부름 받았던 열두 제자의 시작.

지금 우리의 눈에는 거의 목격되지 않지만, 예수 그리스도께서 열두 사람을 훈련시키실 때 가지고 계셨던 두 가지 요소가 1세기 내내 유지되었다.

(1) 하나님께 부름 받은 사람은 하나님의 일이 시작되는 그 첫 현장에 참여하는 것이 매우 중요하다.

(2) 그리스도인의 삶과 그 삶에 필요한 모든 요소들은 언제나 공동체적인 터전에서 발견되는 요소들이다. 그리스도인의 삶이란 에클레시아의 삶에 다름 아니다.

이제 1세기교회의 탄생을 주목해볼 시점이다.

12
처음 교회의 탄생

주일이다. 시간은 오전 5시. 우리가 보통 오순절이라고 부르는 바로 그 날이다. 동시에 파송이 현실이 되는 그날이기도 하다.

예루살렘에서 전개될 엄청난 일을 눈앞에 두고 있는 열두 제자들. 하지만 그들은 이미 준비되어 있는 사람들이다! 그들이 받아온 훈련의 기초는 창세이전에 뿌리를 두고 있다. 그들은 지구에서 유일하게 그리스도인의 삶을 살아온 사람들이다!

여기서 잠깐 중단하고 우리가 여기까지 추적해왔던 여러 단계들을 돌아보자.

1단계 : 영원안에서의 삼위일체 하나님.

2단계 : 그리스도 안에 계신 하나님.

3단계 : 타락했으나, 유대 갈릴리에서 구속받은 열두 사람과 하나님.

4단계 : 1,2,3단계를 전수받은 열두 사람과 3천명의 새 신자들

3년 동안, 교회생활과 하나님의 방식이 무엇인지를 알고 있었던 지구상 유일한 거주자들은 열두 제자들뿐이었다. 그들은 그들에 앞서 이 교회생활을 경험해왔던 바로 그분을 알고 있었다! 그분이야말로 지구상 유일한 그리스도인 사역자였다. 그리고 열두 사내는 경험으로 그분을 알고 있었다. 그들에겐 어떤 것도 부족한 것이 없었다. 그들은 이미 갈릴리에서 그분과 함께 살아왔다. 처음부터!

그들이 맘속에 되뇌는 한 가지 교훈이 있다. 3년간의 경험에 최대한 근접한 삶을 복제해낼 것. 그들이 예수 그리스도로부터 배웠던 그리스도인의 영토(거주지)를 복원할 것. 그리스도인의 삶과 진정한 교회생활을 이뤄낼 것. 그리고 4단계로 도약하여 그리스도인 사역자들을 일으켜 세울 것. 아버지께서 하셨던 방식과 그리스도께서 하셨던 방식에서 너무 벗어나지 않을 것. 그 패턴, 그 삶의 스타일, 삼위일체 하나님의 방식, 그 길을 유지할 것. 특히 갈릴리에서 그들이 경험했던 바에 따라 모든 일을 수행할 것 … 그것들이 그들의 가슴속에 되뇌는 교훈이었다. 그들의 목회사역? (조금은 독특하다! 만약 1700년 이후에 전개될 요즘 우리의 목회 스타일과 비교한다면 더욱!) 그것은 오직 그들 안에 있는 그리스도를 사람들에게 넘겨주는 일. 언제나 그것이 전부였다.

예수 그리스도께서는 그 분 자신을 열두 제자에게 넘겨주셨다. 열두 제자는 멋들어진 생각을 해냈다. 그들은 사람들에게 예수 그리스도를 넘겨줄 생각이었다!

이 평범한 열두 명은 예수 그리스도께서 영원한 세계와 교류하시던 모습을 아주 가까이에서 지켜보았다. 그것이야말로 그리스도인의 삶이 소유한 독특한 측면이었다. 그분이 가지고 계신 신비가 바로 그 아버지와의 교제에서 나오는 것임을 열두 사람은 잘 알고 있었다. 그 신비의 비결을 깨달았던 것이다!

열두 사람은 역사를 통틀어 가장 위대한 사역자를 자신들의 눈으로 보았다. 그들은 그 사역자와 함께 교회생활을 경험했다.

이제 연속되는 그 패턴을 주목하라. 이번엔 그 패턴이 그리스도인 사역자 예수 안에서 일어나는 것이 아니라 평범한 사람들 안에서 발견된다. 당신이나 나와 많이 다르지 않은 사람들. (물론 교육적인 측면에서 보면 그들이 우리보다 훨씬 못하다. 그 점에서 어느 쪽이 더 유리한지는 당신의 판단에 맡기겠다.)

예수께서는 신령한 생명을 지닌 남자와 여자의 수를 늘리시려는 목적을 두고 그분의 사역을 시작하셨다. 처음엔 단 세 분이 시작하셨다! 세 분의 교제에 참여하는 이들의 수를 확장하기 위한 준비를 갖추고 그분은 여기에 오셨다. 그분이 타락한 몇 사람들과 그 사역을 시작하셨을 때, 그들 중 신령한 생명에 의지해 살고 있거나 그 생명을 경험한 사람은 하나도 없었다.

예수께서는 에클레시아의 생명, 즉 영원세계에 뿌리를 둔 하나님의 생명을 지구에 가져오기 위해 여기 오셨다. 그분은 지구에 하나님의 공동체를 가져오셨다. 여기 지구위에서 교회를 시작하신 것이다.

그 일꾼은 그분의 사역을 위해 여기 오셨다. 교회개척자이신 그분은 자신이 살던 영역과는 판이하게 다른 우리의 영역으로 그분의 한 발을 내딛고 에클레시아의 배아세포를 여기 이 먼지로 이뤄진 지구 위에 심으셨다!

그런 다음 그분은 떠나셨다! 그 일을 이루시고 그분은 떠나셨다!

그분이 떠나신 이후, 그 패턴이 어떻게 흐르는지 주목하라.

열두 제자는 다락방으로 올라갔다. 그들 안에는 지금까지의 경험이 숨 쉬고 있었다. 새로운 지평이 있었다. 하나님의 아들이 영원의 세계에서 그분의 아버지와 나누시던 그 관계! 그것과 크게 다르지 않은 영적인 관계가 그들 내면에 형성되어 있었다! 분명히, 이 지구 위를 걸어 다니는 어떤 사람도 이 경험을 가진 사람이나 이들만큼 준비된 사람은 없었다!

그들은 아버지를 영화롭게 해드리는 아들을 목격했다. 마침내 이들은 자신들이 아들을 영화롭게 해드릴 위치에 서 있다는 결론에 이르렀다. 오순절 날, 비범한 훈련을 거친 이 열둘은 마침내 그들에게 부여된 사역을 위해 걸어 나갔다. (모든 그리스도인들이 바로 이 패턴을, 그리고 이 패턴만 따라야 한다!)

당신은 예수께서 그분의 사역을 시작하실 때 성령께서 어떻게 그분 위에 임하셨는지를 기억하는가? 이제 열두 사람도 그들 위에 성령의 임재를 경험하게 될 것이다. 부활하신 날, 예수께서는 그들 안에 들어오셨다. 이제 성령께서는 오순절 오전 9시에 그들 위에 임하신다. 성령께서는 그분의 사역을 복제할 것이다. 처음엔 그들 안에서, 그 다음(훈련과 깨어짐 이후!)엔 그들 위에서.

성령으로 옷 갈아입은 후, 그들은 무엇을 할 것인가?

(1) 선교단체를 조직하기 시작할 것인가?

(2) 세계복음화를 위한 총 공세를 전개할 것인가?

(3) 전 지구위에 흩어져 전도할 것인가?

(4) 목사가운을 입을 것인가?

천만에! 그들은 그들 안에 새겨진 그 패턴대로 그들이 해왔던 그 일을 지속할 것이다.

교회를 개척하려들기 이전에 그들은 교회생활을 알았고 경험했으며 그 안에서 살았다. 그 다음에 그들은 교회를 심었다.

그들은 예수버전으로 그리스도인의 삶을 사는 방식을 알고 있었고 예수버전으로 그 삶을 살았다. 그 다음, 주님이 그들 앞에서 그리스도인의 삶의 방식을 행하셨던 것처럼, 그들도 그 방식으로 그들의 삶을 표현하였다.

오늘날 그리스도인으로 살아가는 우리들의 방식과는 완전히 다른 하나님 버전의 "방식"! (사람들로 하여금 오늘날의 방식에서 눈을 돌려 하나님의 방식을 따르게 하는 것은 지극히 힘들다. 그들은 몇 몇 말도 안 되는 이유들로 이 방식을 거부한다.)

이제 열두 사람은 이 지구위에 에클레시아를 심게 될 것이다. 그들의 주님처럼, 그들이 해야 할 첫 번째 임무 역시 교회개척자가 되는 것이었다. 그들의 주님처럼 그들도 파송받았다. 처음엔 부르심을 받았고, 훈련받았으며, 그 다음에 보냄받았다.

예수께서는 이 지구에 배아세포로서의 교회를 심기위해 아버지로부터 보냄 받으셨다. 그리고 그분은 열두 사람을 불렀고 훈련시키셨다. 이제 아들은 동일한 목적, 변경 불가능한 영원한 목적을 수행하기 위해 열두 사람을 보내셨다.

(1) 삼위일체 하나님의 교제 안으로 사람들을 초청하도록.

(2) 삼위일체 안에서 영세 전부터 알려지고 경험된 교회생활을 지구에 선물하도록.

예수 그리스도께서는 다른 사람과 공유하기 이전, 어떻게 그리스도인의 삶을 사는지 알고 계셨다. 예수 그리스도께서는 이 지구위에 교회생활을 주기 이전에 이미 교회생활을 경험하셨다. 예수 그리스도께서는 그리스도인 사역자가 되기 이전에 아버지 안에서 완벽하게 훈련받으셨다. 예수 그리스도께서는 그리스도인 사역자로 전적인 훈련을 받기까지, 그리고 그리스도인 사역자로 일하기 전까지 다른 사역자들을 훈련시키지 않으셨다.

그렇다면 열두 사람도 그 패턴을 그대로 따랐을까?

열두 사람은 다른 사람과 공유하기 이전에 교회생활을 배웠고 교회를 세우기 이전에 교회생활을 알았으며 그리스도인 사역자가 되기 이전에 교회개척자에 의해 훈련받았다. 교회개척자에 의해 수년간의 경험을 거친 이후에 그들은 다른 사람을 준비시키기에 이르렀다.

여러분도 이 방식을 따르게 되시기를.

그들은 얼마나 먼 곳으로 보냄 받았는가? 뉴질랜드로? (뉴질랜드는 지구상 예루살렘에서 가장 먼 장소이다.) 아니다! 그들은 아래층으로 보냄 받았다! 그다음 6년 동안에도 열두 제자는 다른 먼 곳으로 가지 않을 것이다. 단지 아래층으로! 단지 예루살렘으로. 6년 내내.

(초교파 선교단체들에게 절대로 이 사실을 말하지 말라. 그들은 지구 끝으로 젊은이들을 보내려한다. 그저 30일정도 훈련시킨 후에! 이 젊은 지원자들은 그들의 방식을 따른다. 왜냐면 그렇게 하는 것이 열두 제자가 했던 방식이라고 그들이 말해주었기 때문이다. 송구하지만! 이것은 사람이 만든 방식이다.)

마치 하나님께서 세상을 개종시키는데서 만족하지 않고 선교단체 사역자들과 심지어 오늘날의 선교사나 복음전도자들까지도 만드신 분으로 소개된다.

이제 다가올 주간, 삼천 명에 가까운 사람들이 신령한 생명을 소유한 사람들을 바로 옆에서 보게 될 것이다. 6천개의 눈이 내적인 생명에 의해 살아가는 열두 사람을 관찰할 것이다. 그리고 삼천 명의 새 신자들이 마주할 새로운 삶의 방식은 예수께서 행하셨던 것과 놀랍도록 유사한 방식이 될 것이다.

주님 예수와 친교를 나누는데 매우 스스럼이 없는 열두 제자의 모습이 사람들 가운데 드러날 것이다. 갈릴리에 계시던 그 분, 이젠 그들의 가슴 안쪽에 계신 그분, 바로 그분과 함께 살아가는 열두 제자의 모습이!

13
삼천 명의 새신자

자신들 안에 들어온 신령한 생명을 안고 삼천 명의 새 신자들이 감격했던 주일!

그러나 이제 월요일이다. 열두 사도는 "새 생명을 소유한" 삼천 명의 새 신자들에게 솔로몬의 행각에서 다시 만나자고 고지하였다.

삼천 명이 솔로몬행각에 모였을 때 열두 사도는 거기서 무엇을 했을까? 당신 생각엔 그들이 무엇을 했을 것 같은가?

그들은 예수 그리스도께 환호성을 올려드렸다.

사도들의 말씀을 들으며 새 신자들은 그곳에 들어찬 예수의 영광에 휩싸였다! 귀로 듣는 그것이 그들의 영혼을 채웠다. 열두 사도는 삼천 명에게 예수 그리스도를 보여주었다. 그들은 삼천의 영혼들에게 이 주님과 어떻게 교제하는지, 내주하시는 이 그리스도를 어떻게 개인적으로 알고 실제적으로 경험하는지 둘 모두를 보여주었다. 또한 열두 사도들은 자신들과 그들이 어떻게 교제하며 그들 상호간에는 어떻게 교제하는지도 가르쳐주었다.

귀에 익숙한 소리인가?

독자들이여, 그렇지 않다. 이 일은 우리 시대에 그리고 우리 복음주의 기독교 안에서 결코 찾아볼 수 없는 일들이다. (사실을 말하자면, 그것은 개신교 전체를 살펴도 흔히 목격할 수 있는 일이 아니다.)

어쨌든, 이들 삼천 명의 신자들은 그러한 새로운 만남에 완전 매료되었고 그 한복판에서 거의 자발적으로 교회생활이 흘러나왔다. 교회생활이란 조직을 구성한다고 형성되는 것이 아니다. 그것은 살아있는 생물과 같다. 교회생활을 경험한다는 것은 그리스도와 조우한 사람들 안에서 흘러나오는 자발적인 어떤 생명을 만지는 경험이다. 그 다음 6년 동안 이들 삼천 명의 신자들은 거기 예루살렘을 떠나지 않고 함께 머물러 살았다. 열두 사도는 누구에게도 영적인 승리자가 되라거나 복음을 전하라고 요청하지 않았다. 결코!

열두 사도들은 예수로부터 배웠다. 예수께 배우는 그 3년 동안 이들은 딱 한 번 현장 실습을 나갔다. 주님은 그들에게 어떤 사역도 요구하지 않으셨다. 3년을 통틀어 그들은 단 "두 주간" 일했을 뿐이다. 본인들이 그러한 교회생활을 경험했기에 열두 사도는 삼천 명에게도 어떤 "사역"을 요구하지 않았다. 이후 6년 동안 줄곧.

열두 사도는 진실 되게 그분의 뒤를 따랐다. 그들은 새 신자들에게 영적인 승리자가 되라고 재촉하지 않았다. 그리스도인으로서의 다른 어떤 봉사도 요구하지 않았다. (선교단체의 지도자들이 이점을 주목하였으면!)

패턴은 유지되었다. 하나님의 방식이 예루살렘에서도 살아 움직이고 있다. 더구나 이 “방식”이 하나님이 아닌 인간들 안으로 흘러들어가고 있다. 타락한 아담의 후손인 열두 교회개척자들이 이 지구위에서 삼위일체 하나님의 스타일로 하나님의 아들께 영광을 돌리기 시작한 것이다.

그 일이 다시 한 번 이 땅에 시작되기를! 그리고 앞으로 영원히 지속되기를!

6년 동안! 사도들은 삼천 명의 신자들에게 영적인 승리자가 되라고 재촉하여 그들을 기진맥진하게 만들 수도 있었다. 피 끓는 젊은이들에게 선교단체들이 하는 방식처럼!

세계복음화? 당신이 지금까지 배워온 것과는 정 반대로, 우리 복음주의가 가진 이 개념은 여기 예루살렘에서 전혀 그 흔적을 찾기 힘들다. 열두 사도들, 그리고 예루살렘 안에서 현재 우리 복음주의가 품고 있는 세계복음화의 개념은 아예 존재하지도 않는다. 어떤 형태로든! 복음주의가 등장한 그때부터 이 세계복음화의 구호는 점차 강력해졌다. 당신이 들어왔던 것보다도 훨씬 더!

1세기의 복음전도란 다름 아닌 교회를 낳는 것이었다. (우리가 알고 있는 그 교회를 상상하지 마시라!) 1세기 스타일의 복음전도는 필연 유기적인 신자공동체, 곧 에클레시아를 낳았다!

그렇다면 예루살렘에선 구체적으로 무슨 일이 전개되고 있었는가? 열두 사도는 그 삼천 명의 신자들에게 … 예수를 주었다! 6년 내내!!

성경의 기록들을 다시 한 번 읽어보라. 예루살렘의 모든 복음전도는 열두 사도가 떠맡았다. 오직 열두 사도만 그 일을 했다. 그밖에 다른 누구도 이 일을 하지 않았다! 혹 육체적으로나 정신적으로 탈진하는 일이 있었다면 그것은 열두 사도 안에서 일어난 일이었을 것이다. 당신이 지금까지 배운 복음전도 개념에 이 사실을 대입해보라.

열두 사도는, (1) 그리스도를 중심에 놓는 원리. (2) 새 신자들을 혹사시키지 않는 이 원리를 어디서 얻었을까?

주님의 일에 죽을 만큼 헌신하는 것은 교회개척자들에게 주어진 배타적인 영역이었다. 열두 사도는 이 귀중한 사역의 원리를 갈릴리 출신의 한 진정한 사역자를 지켜보면서 얻을 수 있었다. 열두 사도들 앞에서 당신의 주님이 그 모든 것을 갈릴리에서 이미 해내셨던 것이다.

그렇다면 사역자들을 훈련시키고 파송(보냄)하는 과정에서 결코 "서두르지 않는 원리"를 예수께선 어디서 얻으셨을까? "물러나 지켜보는 이 원리(just watch do nothing concept)"를 그분은 어떻게 알고 계셨을까? 이 혁명적인 발상을 주님은 아버지로부터 얻으셨다. 영원의 시간+갈릴리에서의 30년 동안 예수 그리스도께서는 언제나 아버지를 주시하며 사셨다! 이 유일한 패턴만이 1세기에 존재했고 그것은 1세기 내내 꺾이거나 변절되지 않고 전수되었다.

당신이 이제 막 예수를 영접한 새 신자라면 이 사실을 주목하라. 당신은 예수 그리스도 안에서 성장하도록 부름 받았다. 예수 그리스도의 깊은 곳까지 … 그 분과 하나 되는 곳까지. 그 외에 당신이 부름 받은 다른 어떤 이유는 없다. 그리고 당신에게 필요한 모든 것은 그것이 무엇이든 교회생활을 통해 당신에게 흘러오게 되어 있다. 그 외에 다른 어떤 곳에서도 흘러오지 않는다.

열두 제자는 갈릴리의 바위 위에 걸터앉아, 때론 유대 들판의 어느 땅바닥에서, 아니면 가버나움의 회당 의자에 앉아 예수 그리스도께서 그 모든 사역의 짐을 홀로 감당하시는 과정을 주시하였다. 그분 홀로 그 모든 일을 담당하셨다. 그분 홀로 혹사당하셨다. 열두 제자들이 훈련을 받던 그 3년 동안 "그리스도인으로서의 모든 사역"은 예수에 의해 수행되었다. 열두 사람은 단지 지켜보고 들었을 뿐이다. 열두 사람이 했던 것은 그것이 전부였다. 예수께서 그들과 함께 머무실 동안 그들이 복음전도와 관련하여 했던 일은 실습차원으로 나갔던 단 두 주간의 "예행연습" 뿐이었다. 단 두 주간. 그 밖엔 아무것도 없었다!!

복음을 전하고, 영적인 승리를 거두고, 치유하고, 상담하고, 가르치는 모든 일들은 예수 그리스도께서 감당하셨다. 모든 결정은 그분이 내리셨다. 그들은 앉아 들었고, 배우고, 관찰했다. 3년 동안 진행된 훈련의 말미에 단 한 번의 실습이 있었을 뿐이다. (그들은 성령으로 충만해졌다.) 그들은 "어떻게 훈련받는 것이 좋을까" … 와 같은 철학적 고민을 한 적이 없었다. 그것은 그때껏 사람이 받았던 훈련 중에 가장 실제적인 훈련이었다.

이런 식으로 배우는 것을 그리스어로 "페드러닝(ped-learning)"이라 부른다. 걸으면서 배우는 이 페드러닝은 오늘날의 기독교엔 존재하지 않지만 분명히 예수께서 취하셨던 한 방법이다. (소요학파

peripateticism란 이곳저곳 이동하는 순회교사를 따라 걸으며 그 옆에서 배우는 학생들을 가리키는 말이다.)

이제 다시 예루살렘의 시간 속으로 들어가 보자. 열두 제자들은 주님과 같이 처신한다. 그들은 6년 동안(그것은 예수께서 열두 제자와 동거하신 시간의 두 배에 해당한다.) 오직 내주하시는 예수 그리스도를 사람들에게 나누어주었다.

복음을 전하고, 가르치고, 상담하고, 영적인 승리를 거두는 … 이 모든 일들은 삼천 명의 신자들이 아닌 열두 제자에게 맡겨진 사역이었다. 6천개의 눈과 귀는 듣고, 배우고, 주시하고, 관찰하며, 경험하였다. 그들도 곧 실제적으로나 영적으로나 충만해질 것이다.

언제나 기억하시라! 삼천 명은 다만 경험했다. 그들은 오직 그리스도를 경험했다! 단지 교회생활을 경험했다. 그들은 탈진상태로 내몰리지 않았다.

삼천 명의 신자들이 그리스도를 경험할 수 있었던 이유는 열두 사도가 어떻게 그리스도를 가르치고 경험하는지 알고 있었기 때문이었다. 왜냐하면 열두 사도는 내주하시는 주님을 이미 경험했기 때문이다. 이젠 그 열두 사도 앞에서 삼천 명이 내주하시는 주님을 경험하고 있었다.

하나님의 패턴이 흐르는 것에 주목하라!

모든 혹독한 비난과 핍박은? 그것은 다른 누구도 아닌! 열두 사도의 몫이었다. 열두 사도는 에클레시아의 방패였다. 그것이 교회개척자의 삶속에 심겨진 사역의 방식이었다. 그것은 새 신자들이 아닌 오직 그들에게 어울리는 것이었다. 그 정도는 그들도 예상하고 있었다. 그들은 잘 훈련된 사람들이었다. 핍박과 비난과 조롱에 어떻게 대처할지를 그들은 알고 있었다. 어떻게?

하나님이 친히 핍박받는 자리에 서셨을 때 그 분이 그분 자신을 어떻게 내어주시는지를 목격했기 때문이다.

이제 그 다음 6년 동안 삼천 명의 신자들에게 어떤 일이 일어나는지 주목해보라. 당신이 발견할 수 있다면 그 패턴을 직접 찾아내보라.

14
낯설은 하나님의 방식

열두 사도는 아무렇지 않게 모욕, 비난, 적의, 심문과 투옥을 받아들였고 삼천 명의 새 신자들은 입을 다물지 못하고 두 눈을 크게 뜬 채 이 모습을 지켜보았다. 그들은 열두 사도들이 어떻게 그리스도인의 삶을 사는지도 지켜보았다. 열두 사도들은 삼천 명이나 되는 새 신자들에게 하나님을 위해 봉사하라고 요청하지도 않았다. 삼천 명의 새 신자들은 그런 사도들을 지켜보며 다만 교회생활을 경험하고 있었다.

삼천 명의 새 신자들이 6년 동안 감당했던 유일한 일은 그들을 위해 준비된 음식을 분배하는 것이었다. 그조차도 이전엔 사도들이 감당했었다.

젊은 그리스도인들이여. 지금 기독교단체에 들어가 보라. 이런 방식으로 당신이 훈련받을 수 있는지 확인해보라. 어떤 기독교단체든 찾아가보라. 교회든, 성경학교든, 신학교든. 1세기 스타일은 그곳에 존재하지 않는다. 당신이 예수의 방식으로 훈련받을 수 없는 수많은 이유들이 있다. 그 중 하나는 그들이 그리스도를 중심에 놓지 않기 때문이거나 교회개척자에 의해 세워진 교회가 아니기 때문이다.

우리는 하나님의 방식에 낯설다. 우리는 하나님 스타일의 삶에 친숙하지 않다. 우리는 지난 1700년 동안 그렇게 하나님의 방식을 등져왔다.

부디 우리 복음주의적 사고방식이 무너져 내리기를!

당신이 어떤 종교단체나 기관의 책임자라면 한 가지 물어보고 싶은 것이 있다. (부디 이 질문에 성경구절을 인용하여 대답하지 않기를 바란다. 필요에 따라 끌어다 쓸 성경구절은 어디에나 무궁무진하기 때문이다.) 당신은 어째서 결국은 탈진으로 끝날 사역 속으로 젊은이들을 이끄는가? 그렇게 함으로써 그 젊은이들은 가장 가치 있는 경험 … 즉 교회생활을 부정하게 된다. 그 격한 사역 속에서 말이다! 당신의 인도를 따라 그들이 도착한 곳은 그리스도인의 깊은 삶에 필요한 어떤 자원도 존재하지 않는 곳이다.

이들 젊은 그리스도인들은 당신의 외적인 활동만을 주시하게 될 것이다. 당신은 복음전도에 사로잡혀 있다. 목표달성을 위해 정해놓은 기간, 과분한 목표를 걸어놓는 배짱, 사역에 눌린 당신의 신음소리, 목표를 달성하기 위한 과도한 집행, 사역, 고역, 전도, 성경읽기, 기도 … 이 탈진의 과정 속에 삼위일체 하나님과의 교제가 어디 있는가?

이것은 예수 그리스도께서 제시하신 그리스도인의 삶이 아니다. 그분은 당신의 훈련방식들 중 어느 것도 사용하지 않으셨다. 열두 사도들 역시 마찬가지다. 그리스도와 열두 사도들은 하나님의 백성들에게 지구와 다른 영역을 산책할 기회를 부여하였다. 그들은 하나님의 사람들에게 살아 숨 쉬는 진정한 교회생활을 제공하였고 교회 안에서 교회개척자를 훈련시키되 충분한 시간을 두고 그들을 세워나갔다. [1]

이것이 1세기 그리스도인들의 전통이었다. 그 기원을 당신이 추적하고자 한다면 결국 삼위일체 하나님, 즉 창조이전으로 돌아가야 할지도 모른다! 이것이야말로 삼위일체 하나님께서 그분의 일을 성취하시는 방식이다!

복음전도를 위해 젊은이들을 강제하는 신약성경의 전례는 존재하지 않는다. 하나님께서 청춘들에게 주신 시간은 그리스도를 배우는 시간이다. 젊음은 교회생활을 몸소 살아보는 시간이다. 교회생활 속에서 교회개척자를 지켜보는 시간!

20대 초반의 젊은이들로 구성된 선교단체의 리더들이여. 당신들

---

1) 종종 디모데가 오늘날 젊은 사역자들의 모범으로 등장한다. 하지만 연대를 따라 디모데의 상황을 추적해보라. 디모데가 구원받은 시점을 스무 살 즈음으로 본다면 그가 사역을 시작한 것은 약 서른 살 무렵이었을 것이다. (무엇보다 디모데의 사역은 교회개척이었다.) 이 말은 디모데가 10년 동안이나 한 교회개척자–바울–의 발밑에 앉아 관찰자의 삶을 살았음을 의미한다. 디모데는 구식훈련 … 즉 길 위에서 이뤄지는 훈련을 받았다. 강단과 의자를 사용하지 않고 선생과 제자가 함께 걸으며 소통하는 훈련! 그들은 함께 길을 걸었다. 교회개척자는 보여주었고 그를 따르는 도제(徒弟)는 그 옆에서 그를 주시하였다. 교회개척자는 자신이 하는 일을 실제로 보여주었고 훈련받는 젊은이는 뒤에서 그것을 지켜보았다. 오늘 우리가 회복해야 할 목록들의 최상단에 이것을 적어 넣으라.

숙련된 사역자가 위험수위 높은 일을 하는 것이 타당하다. 그것이 사역자 아닌가! 그리고 젊은 일꾼들은 지켜보는 것이 맞다!

우리 복음주의 사고방식이 다시는 고개를 들지 않기를!

이 젊은이들을 동원하여 전개하는 그 일들의 비성경적인 요소들을 어떻게 설명할 것인가?

세계복음화는 30일 정도의 훈련을 받고난 젊은이들이 펼칠 수 있는 사역이 아니라 교회개척자들의 배타적인 영역이다. 그것은 실제적이고 유기적이며 교회 본연의 고유한 특성을 간직한(미국화 되어 있지 않은) 에클레시아의 책임영역이다.

앞으로 10년 후, 그 귀한 젊은이들 대다수가 어디에 있을 거라고 생각하는가? 그들은 탈진할 것이다. 이유를 불문하고 그들은 흩어질 것이다. 당신은 그 사실을 이미 알고 있다. 그렇다면 왜 1세기에 존재하지도 않았던 그 방식, 그 모든 뿌리와 사고방식을 1880년대("세계를 복음화하라"는 구호가 한창이던)에 두고 있는 방식에 당신은 집착하는가?

당신도 알다시피 이 비교회적인 복음화의 개념[2)]은 1세기의 유산이 아니다.

젊은이들이여, 예루살렘의 성숙한 열두 사도들! 그들이 감당했던 사역으로 당신들의 청춘을 강제한다면 그 사역이 당신을 파괴하고 말 것이다. 영적으로, 신체적으로, 정서적으로, 도덕적으로, 정신적으로 … 어쩌면 영원히.

세계복음화에 대한 근거로 여러분들이 배워왔던 그 성경구절들과 그것을 촉진하던 여러 복음전도 방식들, 그리고 여러분들이 들어왔던 4복음서의 인용구절들은 모두 주님께서 열두 사도들에게 주셨

---

2) 지옥 불에 빠진 사람들을 건져내기 위한 총 공세

던 말씀들이다. 그것은 처음부터 여러분들을 위한 말씀이 아니었다!

지상대명령 … 그것은 성경해석의 가장 심각한 오류중의 하나이다. 그것은 주님께서 열두 사도에게 말씀하신 것이었다. 이보다도 더 중요한 사실 하나가 지금까지 거론되지 않았다. 인용된 그 예수의 말씀-지상대명령-은 "명령"이 아니었다. 그것은 하나의 예측, 즉 전망에 가까운 말씀이었다. 다시 말하면 "너희들(열두 제자)은 세상 끝으로 가게 될 것이다."라는 의미인 것이다.

초기 기독교역사가의 기록(가이사랴의 유세비우스-대략 A.D. 3백년 경)을 그대로 신뢰할 수 있다면 열두 명의 교회개척자들이 "전세계"로 나아가기 시작한 때는 그들의 나이가 이미 노년으로 접어든 시점이었다. 로마군대에 쫓겨 그들 대부분이 이스라엘을 벗어날 때만해도 그들은 늙은이들이었다.

이점을 잊지 마시라. 애초 열두 사도의 머리위에 떨어진 그 명령의 범위가 점차 확장되었다는 해석을 인정하자. 그럴지라도 예루살렘에서 보낸 6년 동안, 하나님의 백성들은 여전히 지켜보기만 했다!

어린 그리스도인들이 주님의 사역 속으로 뛰어들어선 안 된다. 젊은이들은 교회 안에서 그리스도를 경험해야 한다. 그들은 아버지 하나님과 아들 예수 그리스도의 교제가운데로 들어가야 한다. 에클레시아 안에서 진정한 교회생활의 표현을 배워야 한다. 그리고 교회개척자가 그들의 롤 모델이 되어야 한다!

그뿐이다. 다른 것은 없다. 사역을 위해 필요한 다른 장소도, 다른 인물도 없다.

사역이 아닌 배움이 1세기의 교회구성원들에게 얼마나 중요한 것이었는지, 그리고 예수 그리스도를 배우며 교회생활을 경험하는 것이 그들에게, 특히 미래의 사역자들에게 얼마나 중요한 것이었는지를 좀 더 살펴보기로 하자.

이 믿을 수 없는 드라마의 새로운 진전, 제 5단계의 도약이 가능할까? 하나님의 방식이 그리스도를 넘어 그리고 열두 사도와 삼천 명의 새 신자들을 넘어 어디로 향할까?

15
교회의 탄생을 목격한 사람들

기독교에 대한 이러한 독특한 접근방식이 가져올 결과가 무엇일까? 당신이 그 결과를 예측해보라. 이제 삼천 명의 신자들 속에서 새로운 세대의 기독교 사역자들이 흘러나온다.… 실라, 스데반, 빌립, 바나바, 유스도, 아가보.

우리가 다시 한 번 점검해볼 원리가 하나 있다. 그것은 주님의 열두 제자들이 주님의 사역 초기부터 그 현장에 있었다는 사실이다. 삼천 명의 새 신자들 역시 지구상 첫 교회가 출현하는 시작부터 그 현장에 있었다.

실라, 스데반, 빌립, 바나바, 유스도, 아가보 … 이들 역시 교회가 탄생하는 첫 순간부터 그 광경을 직접 목격한 사람들이다. 하나님의 일이 시작되는 현장을 경험하는 것의 중요성! 여섯 명의 새 세대 사역자들은 교회가 시작되는 그 현장을 경험하는 특권을 누렸다! 만약 당신이 하나님의 부르심을 받게 된다면 한 교회가 탄생하는 처음 순간부터 평범한 형제로 그 현장에 참여하는 축복을 받으시라. 부디 당신이 참여하는 그 교회에서 진정한 교회생활이 형성되고 당신이 그것을 경험하게 되기를! 무엇보다 그 새 출발의 현장에 교회개척자가 존재하기를! (만약 그 교회개척자가 진정한 교회생활을 앞서 경험한 사람이라면 그것은 두 배의 축복이다.)

앞서 호명한 여섯 사람은 교회개척자가 교회를 심는 전 과정을 직접 목격했던 사람들이다. 자신들의 눈으로 목격하였기에 교회가 세워지는 "방식"을 그들은 증언할 수 있었다! 기공식 현장에 있었던 여섯 증인들.

4년 전, 예수께서 사역을 시작할 때, 열두 사람이 예수와 함께 했다. 그들은 태동하는 교회의 배아를 자신들의 눈으로 지켜보았다. 지구위에 처음으로 형성되는 교회의 세포를 그들은 목격했던 것이다.

독자들이여. 이것을 하나의 "패턴"으로 못 박아도 좋다. 그 결과는 언제나 훌륭했다. 이 원리와 패턴이 우리의 것이 되기를! 동시에 그것은 하나님의 방식이기도 하다.

이때쯤, 열두 제자들의 나이는 몇 살이나 됐을까? 특별히 오늘날 선교단체들 안에서 탈진하는 젊은이들의 입장에선 이를 확인할 충분한 이유가 있다. 우리는 여기서 적어도 나이 서른이 넘어 사역하는 것의 중요성을 발견하게 될 것이다.

열두 사람은 삼십대 초 혹은 중반에 예수를 따르기 시작했다. 그들은 2세대 사역자들이었다. (예수께서 1세대이시다.) 이제 3세대 사역자들이 출현하고 있지만 열두 사도들이 40대에 이르기 전, 그들은 전면에 등장하지 않았다.

세상에 복음을 전하도록 보냄 받은 열두 사도들이 예루살렘을 벗어난 것은 그들의 나이 40대에 이르렀을 때였다. 그때가 보냄 받은 사명의 "정점"을 이룰 기회를 맞이한 시기이다.

그때 그들은 얼마나 멀리 복음을 전하러 갔는가?

유대 지방 변두리까지! 기껏해야 50km.

40이란 나이는 모든 그리스도인 사역자들에게 기준으로 삼을만한 나이라고 보아도 좋다. 그리고 열두 사도들처럼 당신도 사우디아라비아나 아프카니스탄보다는 자신의 나라에서 시작하는 것이 좋다! 무엇보다 교회생활을 먼저 알아야 한다는 사실을 잊지 말라. 부디 세계복음화와 관련하여 당신이 세운 지침 속에 지금 말한 것들을 포함시켜 달라. 선교단체에 소속되어 있는가? 당신이 소속된 단체의 지침서에 이 내용들을 포함시켜보라. (의심할 바 없이 당신의 조직은 무너질 것이다. 복음전도를 젊은이들에게 의존하고 있기 때문이다.)

복음전도자가 되고 싶은가? 그보다 앞서 이 모든 요소들을 당신 삶에 적용하시라.

1세기 복음전도자들은 복음전도자가 되기 전에 교회생활과 관련한 모든 것을 알고 있었다! 어떤 직분을 맡기 전에 그들은 그저 평범한 지역교회의 한 형제로 기능했던 긴 시간이 있었다. 예루살렘교회가 일시 해산되어 유대로 피신하기 전, 긴장으로 점철된 그 6년 동안을 그들이 생존할 수 있었던 근거는 바로 이 때문이었다. 삼천 명 이상의 신자들이 쏟아내는 다양한 요구들이 교회 안에 있었다. (머잖아 2만 명이 될 것이다.) 거짓말, 속임수, 사방에서 들려오는 비난, 불만

이 거기 존재했다. 내적으로는 불평, 외적으로는 핍박이 있었다. 이 모든 것들을 견디는 것은 쉬운 일이 아니다. 그들은 이런 다양한 요구에 반응하는 방식을 어떻게 알았을까?

최고수준의 한 그리스도인 사역자가 이 모든 긴장 상황에 대처하는 모습을 3년 동안이나 옆에서 지켜보았기 때문이다. 거룩하신 분이 십자가에 못 박히시는 그 방법대로 그들 역시 십자가에 못 박히는 방법을 배웠던 것이다.

당신도 그 사람들처럼 훈련받고 싶은가? 당신도 그렇게 훈련받을 의지가 있는가? 그렇다면 왜 신학교를? (아니면 선교단체를? 아니면 다른 … !)

인간이라는 생물로 살아가는 삶보다 훨씬 더 고등한 생물로 살아가는 삶의 방식을 열두 사도는 알고 있었다. 그들은 에클레시아 안에서 그 모든 것을 경험했다. 그 "방식" 이야말로 하나님께서 우리 모두에게 의도하셨던 바로 그것이었다.

그 방식이 경험되는 곳이야말로 하나님의 부름 받은 사람들에게 어울리는 장소이다. 이 경험이야말로 한 사람의 사역자가 그의 수습기간동안 체험한다면 더할 나위 없이 좋은 요소들이다. 당신은 십자가에 못 박히는 방법을 알고 있는 그리스도인 사역자 혹은 교회개척자를 알고 있는가?

열두 사도는 그분을 알고 있었다!

당신도 그런 사람에게 배울 권리가 있다! 만약 하나님께서 당신을 부르신 것이 사실이라면 절대 타협하지 말라. 이것이 우리가 받아야 할 유일한 훈련방식이다. 당신이 교회생활을 간절히 원하는 그리스도인이라면 이런 방식으로 교회생활을 하라. 다른 대안을 받아들이지 말라.

부디 당신이 그리스도인의 삶 … 하나님의 방식을 목격하게 되기를! 부디 처음부터 에클레시아 안에서 시작하기를! 그 에클레시아가 예수께서 교회를 세우신 그 방법으로, 열두 사도가 교회를 세운 그 방법으로, 바울이 교회를 세운 그 방법으로 세워진 교회이기를!

하나님께서 일을 이루시는 방식!

만약 당신이 하나님의 부르심을 받은 젊은 목회지망생이라면 부디 우리시대의 사람들이 젊은 목회자들을 훈련시키는 그 방식에서 벗어날 수 있기를! 아버지 하나님, 예수님, 그리고 모든 1세기 교회개척자들과 너무 많이 다르지 않은 그런 교회개척자에 의해 당신이 훈련받게 되기를!

교회개척자만이 새로운 사역자들을 불러일으켜 세울 유일한 적임자이다.

1단계: 삼위일체 안에서의 교회생활

2단계: 갈릴리 목공소에서의 교회생활

3단계: 그리스도께서 열두 사람과 함께 한 교회생활

4단계: 열두 사도와 3천여 신자들의 교회생활 … 그리고 이제 다음단계, 즉 5단계의 교회생활이 출현할 지점이다. 그들의 교회생활에서도 우리가 아는 그 패턴이 지속될까? 아버지와 아들의 방식을 그들 안에서도 볼 수 있을까?

16
주님이 남겨두신 교회개척자

핍박이 예루살렘에 몰아닥쳤다. 이를 통해 모든 것들이 갑작스런 변화를 맞았다. 예루살렘의 신자들은 수도 예루살렘에서 벗어나 가까운 유대와 갈릴리 마을들로 쏟아져 들어갔다. 예루살렘교회는 최소한 일시적이나마 소멸되었다.

출애굽만큼이나 갑작스럽게, 새로운 세대의 교회들이 유대와 갈릴리에 출현하게 되었다. 예루살렘의 가정집 거실에서 볼 수 있었던 모임들이 그들이 쏟아져 들어간 유대, 갈릴리, 그리고 이스라엘 온 지역에 출현하고 있었다.

더욱 놀라운 것은 완전히 새로운 세대의 일꾼들이 여기저기서 솟아나고 있었다. 제 3의 물결이 시작되었다. 그 일꾼들은 교회생활에 뿌리를 내리며 출현하는 젊은 사역자들이었다. 신종 사역자들(a new breed of workers)로 구성된 새로운 출발.

당신도 그들이 누군지 알 것이다: 빌립, 아가보, 실라, 유스도, 바나바! 스데반은 이때쯤 순교했다.

(물론 또 다른 인물들이 있었겠지만 우리는 그들의 이름을 알 수 없다. 갈릴리에서 둘씩 짝지어 마을로 보냄 받았던 70명의 이름을 우리가 모르듯이.)

주목해야할 점이 있다. 이 교회들은 예루살렘에서 이식된 신자들의 숫자 그 이상을 넘지는 못했다. 예루살렘을 탈출한 이 신자들은 이미 모두 교회생활을 알고 있었다. 이 신생교회들은 예루살렘에 있었던 교회들이 이스라엘 온 지역의 가정집에 다시 재 소집되는 성격을 갖고 있었다.

교회생활을 이미 경험했던 사람들이 천 단위로 예루살렘을 벗어나고 있었다. 그리고 이제 다른 도시에서 모이게 된 이 신자들은 열두 사도로부터 단절되었다. 하나님의 백성들은 6년 만에 그들 자신의 손에 위임되었다. 지도자 없이! (만약 이 교회들이 사도들 대신 장로를 세웠다고 생각한다면 오산이다. 예루살렘 교회엔 장로들이 없었다. 오순절 이후 14년에 이르기까지 장로들은 등장하지 않았다.) 예루살렘에서의 패턴이 과연 여기서도 유지될까? 하나님의 방식에 변화를 맞게 될까? 세 가지 차원에서의 방식, 즉 그리스도인의 삶을 사는 방식에서, 교회생활 방식에서, 그리고 사역자들이 세워지는 방식에서 하나님의 패턴은 유지될까?

거룩한 도시 밖으로 쏟아져 나가는 사람들 가운데 하나님께 부름받은 사람들, 즉 제 3세대 사역자가 될 사람들이 있다. 그들을 주목하라. 세 가지 측면에서 그들을 살펴보자. (1) 그리스도인의 삶을 사는 신자로서 (2) 교회구성원으로서 (3) 사역자로서!

지금 유대로 피신해 들어오는 이 사람들은 세상에서 육신적인 삶을 살 때 그리스도를 모르고 있었다. 이제 그들은 모두 그리스도를 알고 있지만 열두 사도가 그분을 아는 것과는 다른 방식으로 그분을 알고 있다. 이들은 예수그리스도를 육신으로 대한 적은 없었다. 내면적으로, 즉 내주하시는 그분을 알고 있었다. 이들은 두 가지 통로로 그리스도인의 삶의 방식을 배우고 있었다.

(1) 내주하시는 주님과의 개인적인 만남.

(2) 공동체를 통한 그리스도와의 만남.

이들에게 이런 경이로운 만남을 가르쳐준 사람은 누구인가? 열두 사도들, 즉 교회사역자들이었다! 에클레시아 안에서 이뤄지는 매일의 삶을 통해 이들은 그렇게 그리스도를 배웠던 것이다.

갈릴리인-유대인-이스라엘인-시리아인!

그들 모두 분명한 공감대를 가진 사람들이었다.

하룻밤 만에 약 2만 명의 신자들이 온 이스라엘과 시리아의 도시와 마을들로 이식되었다. 하나님의 방식을 따르는 50-300개 정도의 교회들이 갑작스럽게 솟아나고 있었던 것이다.

이 "예루살렘교회의 이식"은 1세기 역사에서 두 번 다시 반복되지 않는 독특한 경험이었다. (이후 로마교회의 이식과정이 좀 비슷하긴 했지만 완전히 다른 측면이 있었다.) 이후 전개될 교회개척 과정에선 교회개척자들이 신자들을 떠난다. 하지만 이번의 경우엔 신자들이 교회개척자를 떠나는 독특한 상황이 전개되었다!

이제 당신이 반복적으로 접하게 될 1세기의 뚜렷한 현상이 하나 있다. 그것은 신자들이 홀로 남겨지는 사건이다. 1세기 사역자들의 거룩한 원칙중 하나는 에클레시아를 홀로 남겨둔 채 떠나는 것이었다.

홀로 남겨진 에클레시아 안에는 리더가 따로 없었다. 새롭게 태어나는 이 모임들을 열두 사도들이 영구적으로 도와줄 수도 없었다. 열두 사도들이 줄 수 있는 도움은 기껏해야 이 교회들 중 몇 곳을 어느 날 불쑥 방문하는 정도였다. 우여곡절 끝에 예루살렘을 빠져나온 열두 사도들은 여기저기 솟아나는 몇 몇 모임들을 부정기적으로 방문할 수밖에 없었다. 너무 많은 모임들이 산재해 있었기 때문이다.

만약 열두 사도들이 둘씩 짝을 이뤄 교회를 방문했다고 가정하면 여섯 사도가 약 1백 처소의 에클레시아를 방문하는 비율이다. 한 조의 교회개척자가 열여섯 지역의 에클레시아를 방문하는 셈이다. 각각의 에클레시아가 얼마나 자주, 그리고 얼마나 많은 시간동안 이들로부터 도움을 받았을지 당신이 알 필요가 있다. 아주 가끔씩! 그것도 부정기적으로 주어지는 사도들의 방문, 그것이 전부였다!

예루살렘에서 벗어난 형제와 자매들, 그리고 유대에 이식된 새로운 교회들은 각각 그들 스스로의 손에 위임되었다. 어떤 면에서 그들에겐 열두 사도들이 필요하지 않은 측면도 있었다. 6년이면 충분했다. 그들은 홀로 남겨졌고 그럴 준비가 되어 있었다. "하나님의 패턴"은 유지되고 있었다.

이 교회들이 그리스도의 직접적인 주권 아래 놓여있었다는 사실을 잊지 말라! 주님께선 열두 제자들 안에 머무실 때처럼 그들 안에서 그들을 이끌고 계셨다.

그렇게 되는 것이 맞다. 우리도 그분이 직접 이끄셔야 한다.

우리 시대엔, 그리스도 홀로 이끌어 가시는 그런 교회를 찾아볼 수 없다. 교회가 처음 세워질 때부터 교회개척자가 그 현장에 존재하지 않기 때문이다. (최소한 1세기 스타일의 교회개척자는 그곳에 존재하지 않는다.)

이 땅에 교회개척자를 남겨두신 분은 당신의 주님이시다. 순회하는 교회개척자에 의해 교회가 홀로 남겨지고, 그렇게 남겨진 사람들이 스스로 교회생활을 영위하며, 그 속에서 깨어지고 불 시험을 통과하도록 정하신 분도 당신의 주님이시다. 교회개척자가 존재하더라도 이 고대 방식의 교회개척자가 아닌 다른 누군가를 소유한 교회역시 깨어지고, 불 시험을 겪고, 분열을 거듭하다 결국은 전통적인 교회로 회귀한다.

교회개척자로부터 유기적인 교회생활을 안내받고 아주 단기간의 도움만 받은 후 홀로 남겨지기로 작정한 사람들과 함께 에클레시아를 형성해보라. 함께 모이고, 함께 경험하며, 서로를 세워주다가 교회개척자는 물론 다른 어떤 지도자도 없이 홀로 남겨지는 모습을 상상해보라. 어떤 지도자도 그 안에 없다. 누군가에 의해 부여된 방향도 규칙도 없다. 만약 그들이 그 과정을 견디고 살아남는다면! 그들이 계속 거기 존재할 수 있다면! 떠난 교회개척자가 아주 가끔 방문하되 잠깐만 그들을 도운 후 다시 떠날 수 있다면! … 그때 거기엔 예수 그리스도의 직접적인 주권아래 놓여 한 몸으로 기능하는 감격스런 에클레시아가 등장하게 될 것이다.

그들은 계속 그렇게 살면서 아주 가끔 교회개척자의 도움을 받을 것이다. 이 도움만큼은 그들에게 필요하다. 그것이 에클레시아를 향한 하나님의 선명한 방식이다!

유대에 이식된 에클레시아의 삶! 그것은 급진적이고, 전례 없는 방식이며 우리가 들어본 적도 없는 교회생활이지만 … 그럼에도 그것은 하나님의 방식이었다.

유대에서 전개된 이 상황은 한 발 더 진전된 교회생활을 창조하였다. 조그만 도시와 마을들에 자리 잡은 하나님의 백성들은 매일 그들의 주님을 주목하였고 주님께선 그 에클레시아의 중심에 거주하시며 그들을 지도하셨다. 생존방식을 깨달은 자랑스러운 신자들만 존재할 뿐, 이들 안에는 어떤 종류의 두드러진 지도자도 존재하지 않았다. 그들이 예루살렘에서 받았던 도움들은 확실한 효과를 거두고 있었다. 이 땅의 모든 교회들이 즐겁고 스릴 넘치는 이 경험을 하게 되기를! 이 경험이 당신의 것이 되시기를!

유대에서의 이 모임들은 어떤 모습이었을까? 그리스도와 열두 사도들이 나누던 그 교제와 친밀함, 그와 별반 다르지 않았다. 격식을 갖추지 않은 가정집 거실에서의 모임! 예수 그리스도와 그분의 열두 제자가 갈릴리에서 가졌던 그 모임처럼! 그리고 예루살렘에서의 그 모임처럼!

그리스도인의 삶, 교회생활, 모든 만남의 방식들이 여전히 한 패턴으로 흐르고 있었다. 그 유기적인 패턴이 교회가 무엇인지를 세상에 증거하는 에클레시아의 유일한 표현방식이었다.

주목할 점은, 그 거실모임 안에 아주 흥미로운 몇 몇 젊은이들이 앉아 있었다. 이 젊은이들 중에 육신의 눈으로 예수를 본 사람은 없었다. 하지만 그들은 열두 사도들이 그들에게 나타낸 그 예수 그리스도를 보았다. 그들은 예수의 방식을 따라 살아가는 그리스도인의 삶을 알고 있었다. 그들은 영원에 속한 교회생활 방식, 예수께서 갈릴리 목공소에서 누리시던 교회생활 방식, 예루살렘에서 전개되었던 그 교회생활 방식을 이미 알고 있었다.

이 새로 솟아난 신생 사역자들을 좀 더 가까이서 만나보자.

17
하나님의 유전자

만약 당신이 이 다섯 명의 젊은이들을 직접 봤다면 그들이 육신적으로 예수와 함께 살았던 사람들이라고 여길 만큼 그들은 그분을 잘 알고 있었다. 그들은 예수 그리스도를 선포했다. 그들이 그리스도를 너무 잘 전했기 때문에 그들이 그리스도를 잘 알고 있다는 사실은 의심의 여지가 없었다.

이 다섯 젊은이들은 빌립, 바나바, 아가보, 유스도, 실라이다. 이들은 열두 사도가 그리스도를 알았던 방식과 유사한 방식으로 예수 그리스도를 알고 있었다. 왜냐하면 열두 사도로부터 직접 그리스도인의 삶을 사는 방식을 배웠기 때문이다. (열두 사도들은 어떻게 배웠을까? 그리스도께서 아버지께 배우신 그 교회생활 방식 그대로를 예수 그리스도께 직접 배웠다.)

이 젊은 심장들은 그들이 교회생활 안에서 경험했던 공동체경험을 가슴 깊이 받아들였다.

이 젊은 사역자들은 그들이 사역자가 되기 훨씬 이전부터 교회 안에 살면서 개인적으로 그리고 공동체적으로 그리스도를 알게 되었다!

당신도 하나님의 부르심을 받았는가? 그렇다면 이 힌트를 얻으라.

맨 처음, 그리스도!

그 다음엔 열두 사도!

그 다음엔 제 3세대 그리스도인 사역자들! … 이들 모두는 교회생활을 경험하였다.

교회생활을 통하여 그리스도를 배우는 것이 그리스도를 위한 사역보다 반드시 선행되어야 한다. 그 다음에 "늙은" 교회개척자의 발 밑에 앉아 훈련받는 시간을 가져야 한다. 그 다음에서야 사역이다!

이 3세대 젊은 사역자그룹은 에클레시아의 생활에서 무엇을 배웠을까? 그들은 역사상 가장 위대한 교회 중 한 곳에서 성장하였다. (1세기의 가장 위대한 교회들: 예루살렘, 안디옥, 에베소, 로마교회.) 교회가 어떻게 시작되는지에 대해서 그들 모두가 잘 알고 있었다는 사실은 중요하다. 그들은 한 교회가 걸어온 초기부터의 모든 경험을 가지고 있었다. 이론이 아니다. 이성이 아니다. 묵상도 아니다. 오직 경험으로! 교회가 처음엔 어떤 모습이었는지 그들은 당신에게 말해 줄 수 있었다. 하나의 새로운 교회가 어떻게 시작되는지 그들은 알고 있었다.

교회생활을 경험함으로서 그들이 배웠던 교훈은 무엇이었을까?

각각의 열두 사도가 갈릴리에서 공동체를 이뤄 살면서 다른 열한 명이 만들어내는 가소로운 실수를 통해 사람의 연약함을 배웠던 것처럼, 이 젊은 일꾼들 역시 똑같은 교훈을 얻을 수 있었다. (어떻게? 다른 2천 9백 9십 9명의 전문적인 죄인들이 만들어내는 정신병 수준의 행동, 거짓말, 도둑질이 빚어내는 상황에 지속적으로 노출됨으로써! 또한 수많은 시행착오를 통해, 2천 9백 9십 9명에서 제외된 그 자신도 그들과 똑같은 전문적인 죄인임을 직면함으로써!)

이 신생 젊은 사역자들은 예수께서 갈릴리에서 사역하시는 모습을 본 적이 없었다. 하지만 그들은 예수께서 보내신 사역자들을 목격하였다. 그들 다섯 명 모두는 예수와 함께 했던 열두 제자들의 갈릴리 모임과 별반 다르지 않은 가정집 모임을 이미 경험했다. 다른 수천 명의 신자들과 함께 예루살렘에서! 그들은 아나니아와 삽비라와도 함께 살았고 그들의 속임수도 목격했다. 그들은 그 사건을 잊을 수 없었다! (어쩌면 그들 각 사람은 자신들 안에 그런 궁금증을 평생 가지고 살았을지 모른다. 그들과 동일한 자신들은 왜 급사하지 않았는지!) 이 젊은 사역자들이 예루살렘에서 6년, 그리고 유대의 작은 마을들에서 수년 동안 보고, 듣고, 경험했던 모든 것들은 열두 사도가 예수와 함께 보내며 보고, 듣고, 경험했던 것들과 거의 복사판이었다.

그 패턴. 그 하나님의 방식은 계속 흐른다.

그들은 열두 사도가 견뎌내고 인내해야 했던 일들이 무엇이었는지 알고 있었다. 열두 사도들의 입장에선 예수께서 견뎌내고 인내해야 했던 일들이 무엇이었는지 잘 알고 있었다.

예수께서 무거운 사역을 홀로 감당하시는 것을 옆에서 지켜볼 당시, 열 두 사도는 사실 교회의 배아세포 속에 존재하고 있는 것이나 마찬가지였다. 그때 이 젊은 사역자들은 교회생활 한 가운데 있었던 것이다.

이 동일한 흐름이 지금 우리에게 가장 절박한 요소이다!

유대로 쏟아져 나온 신자들의 교회생활과 이후 안디옥까지 흘러들어간 신자들의 교회생활이 예루살렘에서의 교회생활과 거의 같은 것이라면 … 그리고 그 안디옥의 교회생활이 이후 세워지는 갈라디아, 소아시아, 그리고 유럽의 교회생활과 별반 다르지 않은 것이라면 … 당신은 그들 모두가 비 격식, 무의식(無儀式), 유기적인 교회생활을 경험했다고 믿어도 좋다.

제대로 된 교회생활은 실패하는 그리스도인의 삶이 어떤 것인지를 신자들 한 사람 한 사람에게 계시해준다. 열두 사도가 그러했던 것처럼, 이 3세대 그리스도인 사역자들은 여러 번의 실패를 경험하며 울부짖고 포기하기에 이르렀을 것이다. 열두 사도가 그러했던 것처럼, 그들은 자주 다른 사람들의 면전에서 굴욕을 겪었을 것이다.

하나님 감사합니다! 부디 이런 부족들이 더욱 번성케 하소서! 이런 사람들이 없다면 우리는 절대 앞으로 나아갈 수 없다! 이런 사람들이 없다면 우리는 다만 지금 하고 있는 그런 정도의 일, 지난 1700년 동안 반복적으로 해왔던 그런 일, 그저 쭈그리고 앉아 아무것도 아닌 문제를 심각하고 심오하게 논의하는 그런 일을 하다가 끝날 것이다.

우리는 제대로 된 교회생활을 경험한 일꾼들, 즉 그의 모든 실패가 매일의 교회생활가운데 적나라하게 노출된 그런 일꾼들이 필요하다. 하나님의 백성들 앞에 너그럽고 오래 참을 수 있는 사람은 바로 그런 사람들이다. 그 외에 다른 사람들은 그런 일을 할 수 없다.

우리에겐, 자신의 삶 안에서, 그리고 절친한 동료신자들과의 친밀한 관계 안에서 끔찍스러울 만큼 깊은 실패들을 경험해온 사람들이 필요하다.

열두 사도들처럼, 이 신생 사역자들은 밥 먹듯 실패를 경험한 사람들이었다. 열두 사도들처럼, 이들은 다른 사람들의 치명적인 결점도 알고 있었다. 열두 사도들처럼, 그들 역시 사람들의 기대 훨씬 너머의 지점까지 전진했다. 부디 그런 사람들이 이 지구위에 다시 등장하기를!

이 신생 사역자들 한 사람 한 사람은 어렵지 않게, 그리고 담담하게, 자신의 죄와 약점과 문제들을 빛 앞에 드러냈다. 결국 다른 모든 사람들은 지금껏 이들이 어떤 실패를 해왔는지 알게 되었다. 이해와 연민가운데 받아들여질 것을 확신하였기에 그들은 무언가를 숨기려고 애쓸 필요가 없었다. 각 사람은 다른 사람들이 자신의 치부를 알고 있다는 것을 인지하고 있었다. 그 다섯 사역자들 중 어느 누구도 자신의 치부가 드러나는 순간 안절부절 몸을 뒤틀지 않았다.

우리가 얼마나 비열하고, 비참하고, 연약하고, 타락했으며, 우리 스스로를 위장하려 드는지를 드러낼 필요가 있다. 이런 발견들이 교회생활을 하는 과정에서 드러나야 한다. 사람들은 교회생활 가운데서 그런 사실들을 발견하게 된다. 숨겨질 수가 없다. 당신의 연약함이 모두 노출된다. 마음의 준비를 하라. 다른 모든 사람들이 그 연약함을 찾아낸다. 제대로 된 교회생활 안에서는 수십 명의 다른 그리스도인들이 정말로 당신을 알게 된다. 당신은 지구상 가장 거룩한 곳-교회-안에서 숨김없이 노출될 것이다!

그밖에 다른 어떤 곳에서도 이런 일들이 발생하는 것을 당신은 보지 못할 것이다. 주일 아침 오전마다 한 시간씩 십자가 첨탑빌딩 속에 들어갔다 나오는 것과는 확연히 다르다!

지금 지구상엔 약 50만 명의 목회자들이 분주히 뛰어다니고 있다. 그들은 모두 그리스도인의 삶을 살 능력이 그리스도인들 안에 있다고 믿으며 그렇게 분주히 사역한다! 그러나 당신이 에클레시아의 삶 안에 있다면 제대로 된 진실을 발견할 수 있다. 그 외에 다른 곳에선 불가능하다!

주님께서 육신의 생활을 경험했던 그 시간만큼의 교회생활도 경험하지 못한 채 주님을 위해 일하는 사역자들이 많다. (육신의 생활이란 말이 적당해 보이지 않는다면 그리스도인공동체라는 용어를 사용하겠다.) 사역자들은 그리스도인공동체 안에서 리더가 아닌 평범한 신자로 충분한 시간을 두고 살아볼 필요가 있다. 우리에겐 교회생활을 전혀 모르면서 교회를 개척하는 많은 사역자들이 있다. 평범한 형제로 가정교회를 경험해본 적이 없는 이들이 가정교회를 세우고 있다. 교회생활을 전혀 경험하지 못한 사역자들이 많다고 내가 자주 언급하는 이유가 그것이다.

교회생활이 결핍된 그리스도인 사역자는 그가 하려는 일의 난이도와 상관없이 실제로 효과적인 사역을 감당할 수 없다. 이 숙련된 기술은 오직 제대로 된 에클레시아 생활 속에서만 주어지는 어떤 요소이다. 에클레시아의 생활이 우리에게 계시하는 그 신비로만 풀어낼 일들이 우리에겐 너무도 많이 남아있다. 이것은 그리스도인 사역자가 되려는 사람들에게 특히 그러하다.

교회생활이 결핍된 사람들은 주님을 깊이 알지도 못할뿐더러 알 수도 없다. 왜 그런가? 내주하시는 주님을 알아가는 경험은 시간을 필요로 하기 때문이다. 훈련 또한 마찬가지다. 공동체를 필요로 한다. 이것이 교회생활의 표준이다. 사역자가 되려는 젊은이들을 위한 인큐베이터!

교회생활이란 당신이 십자가와 깨어짐을 경험하도록 하나님께서 마련해두신 핵심적인 장치이다. 당신의 어둔 부분이 빛 가운데 드러나는 것은 오직 교회생활 안에서만 일어나는 일이다. 기독교세계를 구성하는 수많은 다른 요소들 역시 교회 안에서 그 본래의 자리를 찾을 수 있다.

무엇보다 교회생활이 결핍된 사역자들은 하나님의 영원한 목적을 고상하게 드러내는 교회를 일으켜 세울 수 없다. 당신 자신이 경험하지 못한 그것을 당신이 일으켜 세울 수는 없는 노릇 아닌가! 교회생활이 결핍된 사역자가 전통적인 교회를 벗어나 어떤 영적인 일을 도모하려 들 때면 "고삐 풀린 망아지"라는 말에서 떠오르는 걱정

스런 이미지들이 생각난다.

그런 사람들은, 짧은 기간 교회와 동거한 후 그 교회를 공동체의 손에 위임하고 떠나는 삶을 수용하기 버겁다. 그가 혹 그런 시도를 한다하더라도 사람들이 전혀 준비되어 있지 않기 때문에 재앙과도 같은 결과를 맞게 된다.

우리에겐 팔걸이의자에 기대앉은 채 발견한 그 교회생활을 전파하기 위해 분주히 뛰어다니는 이론가들이 너무 많다. 그들은 모두 비슷한 결론에 도달한다. 교회를 개척하기에 앞서 교회생활을 경험하는 것이 불필요하다는 결론! 다른 많은 사안들처럼 그들이 공헌할 수 있는 것은 단지 이론뿐이다. 이런 흐름을 쫓는 자들에게 화 있을진저. 그에 대한 나의 충고? 당신이 그들의 지혜를 듣게 될 때 얼른 달아날 출입구부터 확인해두라!

에클레시아를 개척하는 사람이 되기 전에 에클레시아 안에서 생활한 경험이 없는 사람, 공동체안의 평범한 형제에게 복종해본 경험이 없는 그런 사람은 교만한 사람, 즉 깨어지지 않은 사람이다.

1세기 사역자들, 이제 막 출현하고 있는 제 3세대 사역자들은 그렇지 않았다. 예루살렘교회가 흩어지기 전 약 6년 동안, 열두 사도들이 앞서 겪었던 거의 모든 것들을 이 3세대 일꾼들은 경험하였다. 이 젊은 일꾼들은 이제 영원한 계보가운데 들어가게 된다. 어떤 계보? 그리스도인의 삶을 사는 "방식"에서, 에클레시아의 삶을 공동체 안에서 경험한다는 측면에서, 그리고 교회개척자의 발 앞에 앉아 훈련받는다는 측면에서!

이 젊은이들을 훈련시킨 인물이 교회개척자였다는 사실 또한 잊지 말라.

교회개척자와 관련하여 모든 신자들이 알아야 할 사실이 있다. 멋진 말솜씨와 장황한 성경 구절이 교회개척자를 만드는 것이 아니다. 그가 교회개척자가 되기까지 마땅히 치러야 할 대가를 치러왔는가? 싫든 좋든 그가 교회생활을 해왔는가? 싫든 좋든 그가 교회개척자로부터 훈련받은 사람인가? (자신이 세운 교회를 떠나는 교회개척자! 교회로부터 해고되어 떠나는 것이 아니라, 자신이 떠나는 것 외엔 그 교회가 스스로 자신들의 드라마를 써나갈 다른 방법이 없다는 사실을 알기에 그 교회를 떠나는 교회개척자!) 바울과 예수님처럼 자의적으로 훈련받았든, 열두 사도 밑에서 훈련받은 다섯 젊은이처럼 본인도 모르게 훈련받았든, 그가 교회개척자가 되기에 필요한 공식적인 훈련을 받아왔는가? 이것이 교회개척자를 가늠하는 기준이 된다. 만약 그렇지 않다면? 당신이 그를 조사해볼 필요가 있다.

이 다섯 젊은이들의 훈련은 다음 두 가지 환경 안에서 이루어졌다.

(1) 교회라는 현장을 기반으로

(2) 사역자로 훈련받을 남녀 신자들을 위해 하나님께서 고안하신 유일한 장소, 즉 교회개척자의 발밑에서.

이것이 하나님께서 하나님 자신의 일을 행하시는 방식이다.

아니 이것은 하나의 방법론 정도가 아니다! 방법론 훨씬 이상이다. 이것은 신성에 속한, 하나님의 본성에 속한 어떤 것이다. 이 거룩한 본성에 역행하여 사역자를 세워내는 것은 모든 것을 뒤틀리게 한다. 이 패턴은 "하나님 자신의 DNA"를 구성하는 요소이다. 그것이 기초이다. 이 패턴은 영적인 혈통 속에 새겨져 있다.

모든 패턴들 중 이 패턴이야말로 회복될 절박한 필요가 있다. 지금 당장!

우리는 이제 이 젊은이들과 작별할 것이다. 그들이 유대세계로 흩어져 들어가기 때문이다. 이제 우리는 이들 유대인 신자들로부터 할례 받지 않은 존재, 씻지 않은 존재, 부정한 존재인 이방인 신자들을 구분하는 거대한 벽과 마주하게 될 것이다.

지금까지 언급한 모든 교회들은 예루살렘에서 흘러나온 교회들이었다. 그 안에는 이방인 무 할례자가 단 한 사람도 존재하지 않았다. 이방인들이 에클레시아의 삶 속에 들어오기 위해선 이제 무시무시한 일들을 겪어야 한다. 부정한, 할례 받지 않은, 불결한 이방인들로 구성된 에클레시아를 보기까지엔 심각한 일들이 일어나야 한다.

이방인교회가 과연 존재할 수 있을까? 만약 그럴 수 있다면, 우리가 갈릴리에서 목격했던 그 교회의 배아세포가 이 교회들 안에서도 발견될까? 예루살렘에서 존재했던 그 에클레시아의 삶을 이들 안에서도 볼 수 있을까? 열두 사도와 예루살렘교회의 그리스도인들, 그리고 유대지방에 이식된 신자들처럼 이들 이방인 교회들이 그리스도와 개인적이고 친밀한 교제를 나누게 될까? 이들 이방인 교회들이 히브리 신자들이 경험했던 것들보다 오히려 더 나은 교회생활을 경험할지 모른다는 기대를 우리가 가져도 될까?

그 이방인 그리스도인들 중 몇 명이 감히 사역자가 되는 날이 올 것이라고 믿어도 좋을까? 이방인 교회개척자라고? 말도 안 되는! 그런 심한 상상을! 만약 그런 수치스러운 일이 실제 일어난다면 그 할례 받지 못한 사역자들도 하나님의 부르심을 입고, 성장하고, 하나님의 일을 위해 준비되는 그런 과정을 경험할까? 예수께서 열두 사람을 훈련시켰던 그 동일한 방식으로? 예수께서 지구에 계실동안 그분을 전혀 알지 못했던 유대인 사역자들이 그분에게 훈련받던 그 방식으로?

그 이방인 사역자들도 자신들이 태어나고 성장한 그 교회에 의해 파송 받게 될까?

과연 그 패턴이 유지될까?

만약 그렇게 된다면, 오늘날 우리 그리스도인들이 가지고 있는 복음주의적 사고방식은 위기를 맞게 된다. 그리고 그 사고방식에 의해 정당성을 부여받는 현재의 모든 기독교관행들이 심각한 위기를 맞게 되는 셈이다. 만약 그 패턴이 이방인 신자들 사이에서도 유지된다면 우리는 그 패턴 속에서 하나님 그 분 자신을 만나는 것에 다름 아니다.

18
바울의 사역자 훈련방식

이방인들이 어떻게 1세기 교회 이야기에 등장하게 되었을까?

유대지방에서 퍼져나간 한 작은 그리스도인 그룹이 큰 실수를 저지르고 말았다. 그들은 안디옥이라 불리는 시리아 북쪽 해안까지 들어갔다. 이곳은 완전히 이방인들이 주를 이룬 도시이다. 이 열성적인 그리스도인 그룹은 그 도시에 담대히 말씀을 전했다! 다수의 대중들이 반응을 보였는데 그들은 별로 달갑지 않은 이들, 달갑지 않은 종족, 잘못된 문화와 전통을 가진 사람들이었다.

그들 가운데 유대인 개종자들은 거의 눈에 띄지 않았다! 빽빽하게 들어찬 이 사람들을 보라. 이교도들! 이방인 그리스도인들! 이방인이면서 … 이교도이면서 … 이단자이면서 … 그리스도인인 이 사람들! 이게 가능한 일인가? 이런 사람들이 존재할 수 있는가? 믿을 수 없는 일이었다.

이들 이방인 개종자들과 함께 교회생활을 해도 괜찮은 것인지 도무지 알 수 없어서 열정 넘치는 이 유대인 그룹은 예루살렘교회에 아주 곤란한 요청을 했다. “열두 교회개척자들 중 한 사람을 우리에게 보내주세요. 빨리요!” 그러고 나서 얼마 후! 한 사람이 도착했다. 그런데, 이런! 그날 정오, 거기 도착한 것은 열두 사도중의 한 사람이 아니었다. 그는 제 3세대 사역자들 중 맨 먼저 눈에 들어오는 바나바였다.

그리스도인 사역자의 새 라인이 형성되는 순간이었다! 바나바가 이제 교회개척자의 반열에 오르게 된 것이다.

아직은 서툰! 미숙한! 검증되지 않은 이 사람 바나바는 열두 사도들만큼 원숙한 상태에 이르진 못했다. 하지만 그는 제 3세대 사역자가 될 만큼의 준비는 충분히 되어 있었다. (하나님의 일은 알 수 없다. 그가 역사상 가장 훌륭한 교회개척자 중 한 사람이 될지도 모른다.)

안디옥에서 전개된 상황을 확인한 그 순간, 바나바는 이 지구상에 이방인의 교회, 부정한, 불결한, 할례 받지 못한 이교도들의 교회가 꼭 있어야 되겠다고 판단했다! (교회개척자가 되려는 이들에게는 얼마나 큰 행운인가? 이방인의 후손인 우리에게 안디옥교회보다 더 큰 행운은 없다!)

1세기 교회 역사에서 한 개인이 내려야했던 결정 중 이것은 가장 큰 담력을 필요로 하는 결정이었다. 바나바! 이방인인 우리들은 이 사람에게 영원한 빚을 졌다.

두 손으로 머리를 감싸 쥐며 고민하던 바나바는 기가 막힌 반전을 생각해냈다. 그는 곧 다소로 떠나는 새벽 낙타를 잡아 그 등에 올라탔다. 거기 다소에 그가 불러올 한 유대인 크리스천이 살고 있었다.

유대인이지만 이방인 도시에서 성장한 사람! 무뚝뚝하지만 높은 학문에 도달한 그 사람! 골수 유대인 출신이지만 회심한 이후 종족, 피부, 언어, 나라, 문화, 전통, 관습, 종교와 상관없이 누구든, 어디든 자신의 고향처럼 받아들이는 사람! 그리고 3개국 언어를 구사하는 그 사람! 바나바는 심지어 부정한 이방인들에게 그리스도를 전하는 것이 그의 사명이라고 주장하기까지 했다.

그 사람의 이름은 바울이었다.

신선하지만 논란의 중심에 서 있는 교회개척자

바울은 자신의 전 생애동안 유대인사역자들과 유대인교회에 전적인 신뢰를 얻지는 못했다.

유대인 사역자들과 유대인 그리스도인들은 그가 정말 하나님의 부르심을 받았는지 의심하는 눈치였다. 하나님의 패턴이 바울에게 이르러 살짝 변경된 것일까? 한번 확인해보자 …

바울은 바나바와 함께 안디옥으로 왔다. 이후 4년 동안 그는 안디옥교회의 평범한 형제로 지냈다.

그는 정말 그렇게 교회생활을 했다. 그저 평범한 한 명의 형제로 4년 동안의 교회생활을 경험하였다. 이미 교회생활을 알고 있었던 사람들, 오래전 하나님의 방식 안에 들어온 사람들 앞에서 바울은 교회생활을 배워나갔다. 바울과 함께 살았던 사람들 중에는 이미 7년 혹은 그 이상의 에클레시아 생활을 경험했던 사람들이 있었다. 예루살렘에서, 그리고 유대로 이식된 교회들에서! 그들은 그 교회들이 세워지던 처음부터 그 자리에 있었던 사람들이었다. 예루살렘교회의 교회생활에 정통했던 바나바와 다른 많은 사람들의 시선이 이제 안디옥에서 교회생활을 경험하기 시작한 바울의 일거수일투족을 4년 동안 지켜보았다.

지구상에서 가장 뛰어난 영적 분별력과 통찰력을 지닌 이 사람들 앞에서 바울의 교회생활은 고스란히 노출되었다. 이들은 예루살렘교회 안의 유대 예언자와 교사들에 비해 별반 부족함이 없는 사람들이었다. 이들이 누구인가? 열두 사도들에게 훈련받은 사람들 아닌가! 열두 사도들은 또 누구인가? 예수 그리스도께 직접 훈련받았던 사람들 아닌가! 이들은 예수께서 사셨던 그리스도인의 삶에 대해 잘 알고 있었을 뿐 아니라 예수 방식의 교회생활과 열두 사도들에게 상속된 교회생활방식도 알고 있었다. 예수 그리스도에 의해 교회개척자로 세움 받은 열두 사도의 발밑에서 훈련받은 사람들이 바로 이들이었던 것이다.

당신에게 그런 축복이 주어지기를! 가라! 가서 그런 사람들을 찾아내라.

바울이 자신의 부르심과 연약함, 능력, 혹은 그의 비밀과 숨은 동기들에 대해 당신과 나, 혹은 평범한 안디옥 신자들의 눈을 속일 수는 있었을지 모른다. 그러나 이 사람들을 속일 수는 없었다. 그로부터 4년 후, 이 예루살렘교회를 경험한 형제들은 바울이란 사람을 속속들이 알게 되었다. 그의 능력은 물론 그의 약함까지! 그리고 그들은 바울을 사랑하게 되었다. 자신들이 발견한 것에 흡족해하면서 이들은 마침내 바울을 신뢰하기에 이르렀다. 이들은 바나바를 신뢰하는 것만큼이나 바울을 신뢰하게 되었다. 그 신뢰는 그들이 직접 확인한, 그리고 오랫동안 지켜본, 더구나 교회 안에서 철저히 검증한 결과에 따른 것이었다.

자신이 교회개척자라고 주장하는 사람이 있거든 바로 지금 말한 이 증명서를 보여 달라고 부탁하라. 이것이 모든 그리스도인들과 하나님을 섬기고자 하는 사역자들의 이력서가 되어야 한다. 당신이 하나님의 사역을 사모하는 사람이라면 당신 역시도 이 경력을 기준으로 삼아야 한다.

그리고 현대 그리스도인 사역자들이야말로 바로 이 검증을 거칠 필요가 있다.

패턴은 유지된다. 이제 우리가 접근하는 제 4세대의 그리스도인들과 사역자들 안에서도.

바울이 경험한 교회생활, 바울의 모든 것을 노출시킨 교회생활은 어떤 종류의 교회생활이었을까?

그것은 이교도풍의 교회생활이었다. 예루살렘교회나 유대에 이식된 교회들보다 훨씬 더 비 격식적인 교회생활.

이 믿을 수 없는 이방인교회를 누가 일으켜 세웠을까? 바나바의 공이 컸다. 여기서 잠깐 멈추고 바나바의 경력과 그의 이력서를 훑어보라. 그리고 기억하라: 바울이 그 이력서를 보았다는 사실을!

3세대 사역자 중 한 사람에 대한 고찰

바나바는 예루살렘교회에서 구원받았다. 그 교회가 시작되는 첫 순간부터 그는 거기 있었다. 그 후 6년 동안 바나바는 열두 교회개척자의 발아래 앉아있었다. 예루살렘교회가 흩어질 때도 그 현장에 있었고 유대에 이식된 교회에서도 교회생활을 경험하였다.

바나바는 예루살렘교회가 유대에 이식될 당시에도, 최소한 1개 이상의 교회가 다시 태어나는 현장을 경험하였다.(후에 흩어졌던 예루살렘교회가 다시 예루살렘에 결집할 때도 바나바는 거기에 합류하게 된다.)

그는 그리스도인으로서의 초기 6년 동안을 사역자가 아닌 평범한 형제로 보냈다. 그런 다음 주님의 일을 섬겼다. 당신은 바나바에 견줄 그리스도인의 삶이나 교회생활, 또는 사역자로서의 훈련과정을 겪었는가? 그가 보유한 그리스도인 사역자로서의 특성을 당신도 가지고 있는가? 그리스도인의 삶의 방식과 관련한 지식은 어떤가?

세대와 세대를 잇는 바울

바울을 제 3세대 그리스도인 사역자 그룹에 분류할 수 있을까? 그럴 수 없다. 그는 3세대 그리스도인 사역자가 아니다. 그렇다면 그를 제 4세대 그리스도인 사역자로 보아야 할까? 아니다! 오히려 4세대 그리스도인 사역자들을 일으켜 세운 사람이 바울이다!

바울은 3세대와 4세대 사역자들의 교량 역할을 한 교회개척자이다. 그는 3세대 그리스도인 사역자들의 뒤를 이었지만 그들과 결정적으로 다른 점이 있었다. 그때까지 바나바를 제외한 모든 교회개척자들은 오로지 유대인교회만을 일으켜 세웠다. 바울은 유대인이었지만 이방인 도시에서 성장했고, 이방인 도시에 세워진 이방인교회로 들어가 이방인들의 교회생활을 경험했던 교회개척자였다.

그는 에클레시아 안에서 바나바를 따라 그리스도인의 삶을 살았다. 교회생활을 경험하던 처음 4년 동안 바울은 결코 사역에 뛰어들지 않았다. 그는 안디옥교회가 세워지던 초기부터 그 자리를 지켰다. 바나바가 그의 멘토였다. 이것을 잊지 말라. 그 위대한 다소의 바울도 새 신자였을 때는 주님의 사역에 뛰어들지 않았다! 그는 영혼을 구하러 뛰어다니지도 않았고 선교단체의 여름캠프 강사로 출장나간 적도 없다. 절대로 그러지 않았다! (그럼에도 당신은 선교단체를 고집하겠는가!)

바울은 다른 사람이 교회를 일으켜 세우는 것을 지켜보았다. 처음부터. 하나님의 커리큘럼이란 바로 이런 것을 의미한다. 그러나 오늘 우리들의 성경학교나 신학교에선 이런 교육과정을 찾아볼 수 없다. 부디 당신만큼은 하나님의 커리큘럼을 따라 그리스도인사역자로 훈련받게 되기를!

바울은 무엇과도 견줄 수 없는 특권, 곧 교회개척자가 교회를 심는 전 과정을 처음부터 지켜볼 기회를 얻었다. 그는 교회개척자가 되기 전에 교회생활을 경험하였다. 그리고 또 하나, 바울은 교회개척자의 손에 훈련받았다.

패턴은 유지된다! 즉 하나님의 방식은 계속 지켜지고 있다!

여기서 잠깐, 독자들이여. 오늘날 지구상에서 이런 방식으로 세움 받는 그리스도인 사역자들이 있는지 확인해보라. 만약 있다면 그 목록을 아는 대로 모두 적어보라.

바울은, 열두 사도에게 직접 훈련받았던 사람들 중 한 사람의 발밑에 앉았다. 열두 사도가 누구인가? 영원의 시간+지구시간 30년을 아버지 하나님 안에서 사시던 그 하나님의 아들에게 직접 훈련받은 사람들 아닌가!

바울은 하나님 아버지께서 준비시키신 그리스도, 그리스도께서 준비시키신 열두 사도, 그 열두 사도들이 준비시킨 사역자들 중 한 사람에게 훈련받았다. "평범한 형제"의 신분으로!

그렇다. 그 패턴이 유지되고 있다!

바울의 훈련과정은 바나바-열두 사도들-예수 그리스도-하나님의 혈통에 속한 과정이었다. 그들처럼, 바울은

(1) 어떻게 그리스도인의 삶을 사는지 배웠고

(2) 교회생활을 경험하였으며

(3) 사역자로서 훈련받았다.

바울이 그의 인생 말미에 사역자들을 일으켜 세우는 모습을 우리는 이후 목격하게 될 것이다. 그는 예수의 방식으로 그 일을 해낼 것이다. 무엇보다 그는 이방인 사역자가 될 사람들을 일으켜 세울 것이다. 이방인들의 도시에 이방인교회를 세워나가는 이방인 교회개척자들! 지금까지는 유대인들에게 적합한 표현으로 그리스도를 나타내는 교회들만 존재했다. 이제는 이방인들에게 적합한 표현으로 그

리스도를 나타내는 교회가 존재하기 시작한다. 그리고 바울은 이 두 교회 사이의 가교가 될 것이다.

오늘 우리들은 어째서 이 명백한 하나님의 방식에 복종하지 않을까? 몇 가지 추측 가능한 이유들이 있다. 우선은 그리스도와 교회에 대한 깊은 계시가 없기 때문이다.(사람들에겐 교회생활을 배우기 위해 앉아있을 시간적 여유가 없다. 예수께서 다음 주 화요일에 오실지도 모르는데 세상은 지옥으로 떨어지고 있기 때문이다.) 결과적으로 그들은 교회생활을 배울 필요가 없다고 생각한다! 그들이 가지고 있는 공통점은 이것 말고도 더 있다. 자부심, 오만함, 현대 복음주의적 사고방식을 깨뜨릴 수 없다는 무력감, 절박함의 부재, 하나님의 방식에 대한 관심부족, 설교에 대한 과도한 애착, 평신도에 대한 멸시, 일년 미만의 사역경험으로 평신도를 평가하는데서 오는 통찰력부족, 지명된 지도자만이 교회를 운영할 수 있다는 믿음, 평신도들에게 교회전체의 운영을 맡길 수 없다는 사고방식 … 이 외에도 추정 가능한 이유들은 얼마든지 존재한다. 기독교에 대한 좁은 시각, 목사가 되는 것에 대한 과도한 집착, 사람에 대한 두려움, 생계에 대한 두려움, 사역을 함으로서 주어지는 대가를 상실할지도 모른다는 두려움, 특히 평신도들 앞에서 그리고 모든 사람들 앞에서 자신이 노출될 것에 대한 두려움, 평신도들에게 "존경받는" 자리에 머물고 싶은 지독한 집착, 성직에 대한 집착, 다른 사람의 발밑에 앉고 싶지 않거나 그저 평범한 형제가 되는 것에 대한 불쾌함 … !!(생각나는 몇 가지 예만 들은 것이 이 정도이다.)

만약 1세기의 그 신령한 원리들이 변치 않을 하나님의 방식으로 확정된 것이라면, 하나님께서 우리 복음주의 전통에 맞추기 위해 그분의 생각을 바꿀 것 같지는 않다.

오늘날의 신학교는 1세기 기독교에 뿌리를 둔 것이 아니다. 기독교 역사에서 의도치 않게 불쑥 터져 나온 사건의 결과물이다. 그것은 1500년대 트렌트종교회의에서 얼떨결에 제안된 고대 그리스 철학 수업의 복제판이다. 그것을 하나님의 방식으로 둔갑시킬 수는 없는 노릇이다.

예수의 패턴과 아리스토텔레스의 학문은 조화될 수 없다.

우리가 영적인 깊이를 회복하지 않는 한, 그리고 에클레시아의 삶, 순회하는 교회개척자들, 사역자들을 불러일으키는 예수의 방식으로 돌아가지 않는 한, 어떤 변화나 진보도 주어지지 않을 것이다. 위에 언급한 것들은 너무도 중요해서 더 이상 간과될 수 없는 핵심요소들이다.

이제 제 4세대 이방인 사역자들이 기지개를 펴는 놀라운 현장을 찾아가보자. 만약 거기서도 그 패턴이 유지된다면 우리는 신학교들과 성경학교의 문을 닫는 편이 지혜로울 것이다. 에클레시아에 대한 오늘날의 개념과 관행들은 물론, 그리스도인의 삶을 사는 방식에도 전면적인 전환이 필요할지 모른다.

19
에베소에 보인 8인의 젊은이

다소의 바울이 이방인 사역자들, 특히 이방인 교회개척자들을 세우기 시작한 것은 그의 나이 50대에 이르러서였다. 당시의 나이로 그는 노인이었고 겉으로 보기에도 늙어보였다. 눈은 침침해졌고 머리는 백발이었으며 우락부락한 그의 얼굴은 상처와 주름으로 얼룩졌다. 끔찍한 채찍에 맞아 생긴 상처들은 그의 몸 구석구석에 그 흔적을 새겨놓고 있었다. 바울은 지금까지 갈라디아라 불리는 소아시아 지역에 네 교회를 개척했고 그리스 지역에도 네 교회를 일으켜 세웠다.

그리고 이제 때가 되었다.

바울은 이방인 교회개척자들을 양육하기 시작했다. 일꾼을 키우는 그의 방식은 예수의 패턴 그대로였다. 상황이 어떻게 전개되는지 따라가 보자.

반복되는 패턴

그리스도인 사역자를 양성하는 최초의 학교엔 두 분의 그리스도인이 그 일에 관여하셨다. 우리는 이미 그 학교를 알고 있다. 영원세계에 계시던 아버지와 그 아버지께 훈련받으신 주님! 그리고 그 패턴은 이후 반복된다.

두 번째 학교에선 열두 사도들이 수업을 받았다. 갈릴리와 유대에서 3년 동안!

세 번째 움직임은 매우 종교적인 도시, 예루살렘에서 일어났다. 그곳의 학생들은 실라, 바나바, 스데반, 아가보, 유스도와 빌립이었다. 이들 모두 유대인들이었다. 열두 사도들처럼 그들은 유대세계로 나아갔다. (바나바만 여기서 벗어나 이방인에게 들어갔다.)

네 번째 움직임은?

신세대 그리스도인들, 신세대 교회들, 그리고 제 4세대 사역자들! 이들은 당신에게 특별한 의미를 갖는다. 당신이 유대인이 아니라 이방인이라면 더욱!

갈릴리에선 주님이 열두 명의 유대인 사역자를 세우셨다. 이제 에베소에서 바울은 여덟 명의 이방인 사역자를 세운다. 이 두 사역자그룹 사이의 유사함은 무엇일까?

아버지께서는 아들을 준비시키셨고, 아들은 열두 사람을 준비시키셨다. 아들이 열두 사람을 준비시키는 데는 약 3년이 걸렸다. 이제 바울은 에베소에 들어가 5년 동안 여덟 사람을 훈련시키게 된다. (실제 에베소에 머물며 이들을 훈련시킨 시간은 3년이었지만 고린도교

회와 작별한 이후 2년간의 준비기간을 가졌다-역주)

미래를 내다보는 깊은 통찰력으로 각각 한 무리의 일꾼들을 길러낸 1세기의 두 인물! 한 분은 그 일을 위해 영원의 시간+3년의 지구시간을 헌신하셨다. 그렇다면 이제 다른 한 사람은? 어디 보자.

바울이 에베소에 도착할 때쯤, 이 순회교회개척자는 이미 8개 이상의 교회를 세운 상태였다! 교회를 개척하기 전 바울은 이미 안디옥에서 그리스도인의 삶을 배웠고 교회생활을 경험한 상태였다. 그리스도인의 삶을 배우는 도제로서 또한 예비사역자로서 바울은 바나바의 발 밑에서 그의 삶을 지켜보았다.

그리스도인이 된 이후 초기 몇 년 동안, 바울은 광야로 나가 직접 주님의 말씀을 경청했던 경험도 있었다. 그 다음 바나바를 만나 그의 지도를 받으며 교회생활을 배웠던 것이다. (바나바가 소유한 풍부한 경험, 그리고 그가 바울을 안디옥으로 데려온 사건을 결코 가벼이 여기지 말라. 바나바는 실로 환상적인 멘토였다!) 바나바 밑에서 배우는 시간동안, 바울은 그리스도인의 삶의 방식과 관련한 바나바의 관점, 바나바에게 그것을 전해준 열두 사도의 관점, 그리고 열두 사도에게 그것을 전수해준 하나님의 관점을 배울 수 있었다.

안디옥교회가 세워지던 초창기부터 바울이 그 교회에 있었다는 사실을 기억하라. 안디옥교회에서 형제들과 한 몸을 이루며 바울은 평범한 형제로서 4년이란 세월을 보냈다. 이 과정은 어떤 사람의 인생에서도 예외가 될 수 없는 요소이다. 사역자가 되기 이전의 에클레시아 생활! 그것은 우리시대에도 필수적인 요소가 되어야 한다. 바울이 그리스도인의 삶을 사는 방식을 공동체적인 안목으로 배울 수 있었던 것은 거기 안디옥의 에클레시아생활 안에서였다.

이후 교회개척자가 된 바울은 여러 차례의 심각한 난파를 경험하고, 매를 맞고, 돌에 맞고, 군중들에 쫓기고, 모함당하고, 적대자들의 문서에 이름을 올리며 비난과 비판의 중심에 선다. 그 모든 재난과 핍박 한 복판에서 그가 보여준 인내와 자비는 거의 믿을 수 없는 수준이었다. 그가 보여준 그 너그러움과 인내는 어디서 흘러온 것일까? 부분적으로 바나바에게서 … 바나바가 배운 열두 사도들에게서 … 열두 사도들이 배운 … !

바울이 세웠던 여러 교회 안에서 발생하는 많은 문제들은 거의 바울을 집어삼킬 정도로 심각한 것들이었다. 그때 바울의 심장은 깨어지기 일보 직전이었다.

그가 받은 핍박은 로마 제국의 한쪽 끝에서 다른 쪽에 이르기까지 광범위했고 신자들은 신자들대로, 불신자들은 불신자들대로 그를 미워하며 그를 오해했다. 그 한 복판에서 늙고 시력까지 어두워진 바울은 여전히 앞으로 전진해나갔다. 적대자들로 인한 쓴 뿌리조차 품지 않은 채! 상처는 그의 몸 위에 흔적을 남겼을지 몰라도 그의 마음과 혼은 깨끗했다.

바울의 인생가운데 찾아왔던 낙심과 문제, 위기와 실패, 그리고 부당함은 열두 명의 일꾼이라도 한 번에 깨뜨릴 만큼 강력한 것들이었다. 그럼에도 바울은 에베소에서 전개될 하나님의 일들을 기꺼이 떠맡기 위해 지금 그 도시로 걸어 들어가고 있다. 더구나 혼자가 아니다. 여덟 명의 독신 형제들을 데리고! 이런!

이제 하나님이 아닌 평범한 사람들 안에서 하나님의 방식이 새로운 도약을 준비하고 있다.

바나바가 알고 있는 모든 것들을 알게 된 바울, 그리고 실라가 알고 있는 것까지 모두 알고 있는 바울이 에베소로 들어가고 있다. 그는 이미 네 차례나 예루살렘을 방문했다. 거기서 한 때 예루살렘교회의 리더였고 열두 제자중의 한 사람인 베드로와 세 번이나 조우했다.

사람들 중에선 바울이 역사상 가장 위대한 교회개척자가 될 것이다. 그가 어떻게 그런 자격을 갖추게 되었는지를 부디 잘 메모해 두라.

바울은 여덟 젊은이들에게 넘겨줄 엄청난 자원을 가지고 있었다. 예수께서 열두 제자들에게 줄 수 있었던 것만큼은 아닐지라도 예수와 육신으로 함께 살았던 사람들을 제외하곤 지구상에서 누구보다 더 많은 것을 다른 사람에게 넘겨줄 수 있었다. 그는 그리스도인 사역자가 될 젊은이들을 어떻게 훈련시켜야 할지 그 기준을 세운 사람이다. 그가 세운 기준 외에 다른 어떤 대안도 받아들이지 말라.

우리가 간과할 수 없는 또 다른 중요한 사실이 남아있다! (기독교 역사상 가장 흥미로운 발견 중 하나이다.) 바울이 훈련시키려고 에베소에 데려온 여덟 젊은이들 각자 각자는 다른 일곱 명의 동료들에게 넘겨줄 엄청난 자원을 가지고 있었다. 그들 각 사람은 다른 일곱 명의 동료들을 기절시킬만한 자신만의 교회생활을 실제로 가지고 있었다. 이 여덟 훈련생들의 경험이 서로 모인다면 어떤 일이 일어날까!

이방인 사역자들 간의 교류

여덟 명의 젊은이들이 에베소에서 보냈던 초기 몇 달간의 생활에 초점을 맞춰보자. 이 기간 동안 바울이 어떤 공헌을 했을지는 어렵지 않게 그려볼 수 있다. 하지만 이 여덟 명의 훈련생 각자가 서로에게 무슨 공헌을 할 수 있었다는 말인가? 그들 각자가 서로에게 공헌할 수 있었던 역할은 결코 작은 것이 아니었다. 한 사람 한 사람이 자신 안에 보물을 담고 있었다. 여기 에베소에 오기 전, 그들은 어디에 있었는가? 어떤 자격으로 여기에 뽑혀왔는가? 그리스도의 몸 안에서 그동안 어떤 과정을 거쳤으며 무엇을 경험했는가?

(이후 1세기의 역사가 저물어갈 때쯤, 이 사람들이 제 5세대 교회 개척자들을 불러일으키는 모습을 우리가 보게 될 것이다.)

에베소에 모인 이 젊은이들처럼, 서로에게 공헌할 풍성한 자원을 가진 이들이 한 팀으로 훈련받게 될 때 깜짝 놀랄 도약이 거기에 존재한다. 이들 각자는 자신의 나라, 자신의 문화, 자신이 자란 그 도시의 에클레시아가 그리스도를 나타내던 그 독특한 표현을 다른 멤버들에게 보여줄 수 있었다. 여덟 명의 젊은이들은 그들이 각자 몸담았던 독특한 교회와 그 교회가 가지고 있던 독특한 계획들을 다른 동료들에게 말해줄 수 있었다. 이 경우 각 사람이 다른 동료들에게 들려줄 스토리는 나머지 일곱 명과 완전히 달랐다.

각 사람이 몸담았던 교회들의 시작이 달랐다. 그 교회들이 위치한 지리적 특성이 달랐다. 어떤 사람은 바나바를 알았지만 실라는 모르고 있었고 다른 사람은 실라는 알고 있지만 바나바를 모르고 있었다. 그렇게 그들 각자는 서로서로에게 믿을 수 없을 만큼 다양한 것들을 말해줄 수 있었고 또 들을 수 있었다. 이 여덟 훈련생들은 서로 다른 지방에서 지금 여기 에베소로 건너왔고 서로 다른 언어를 구사하고 있으며 서로 다른 문화를 가지고 있다. 그들 한 사람 한 사람이 경험으로 알게 된 자신의 지식으로 다른 동료를 부요하게 만들어 줄 수 있었다.

다양한 교회, 다양한 문화, 그리고 다양한 언어. 그들 각자는 다른 동료들이 소유한 바로 그 지식과 경험이 필요했고 서로를 통해 바로 그 지식과 경험을 공급받았다.

결과적으로 여덟 사람이 가르쳤고 여덟 사람이 배우는 셈이 되었다. 우선은 바울로부터 그 다음은 서로 서로에게! 이제 이 여덟 명의 젊은이들을 차례로 만나보시라.

디도 : 시리아의 안디옥교회 출신이다. 그는 요한 마가와 바나바로부터 자신이 배운 모든 것들을 다른 동료들에게 말해주었다. 그는 자신의 눈으로 목격한 안디옥교회의 개척 상황을 말해주었다. 예루살렘에서 열두 사도를 만난 체험과 지구상 최초의 기독교연합회의였던 예루살렘공의회에 대해서도, 그리고 예루살렘이란 도시가 어떤 곳인지도 다른 동료들에게 말해줄 수 있었다.

디모데 : 갈라디아 루스드라교회 출신이다. 그는 루스드라 교회의 탄생과 관련한 이야기를 처음부터 다른 형제들에게 말해주었고 자신이 실라로부터 배웠던 모든 것들에 대해서도 말해주었다. (실라는 예루살렘교회가 시작되던 첫 순간부터 그 교회에 있었고 바나바처럼 열두 사도들 밑에 앉아 배웠던 사람이다.) 바울과 바나바가 루스드라 교회를 세운 후, 2년 동안 교회를 떠나있을 때 교회가 그 기간을 어떻게 보냈는지, 무엇보다 유대인 할례당이 갈라디아 네 교회들을 차례로 침투했던 사건과 그때 바울로부터 받은 편지(갈라디아서)가 교회에 어떤 영향을 주었는지도 말해주었다. 그는 편지를 썼던 바울의 입장과 그 편지를 받았던 루스드라교회의 입장, 모두를 다른 동료들에게 말해줄 수 있었다.

디모데는 바울의 2차 교회개척여정 전반에 대해서도 다른 일곱 동료들에게 전해줄 것이 있었다. 자신이 바울의 2차 교회개척 여정에 동행했기 때문에 가능한 공헌이었다. 거실 구석에 앉아, 바울과 실라가 빌립보에서 채찍에 맞던 일과 조그만 도시 데살로니가에서 내쳐지던 일, 그리고 베뢰아 교회가 세워지던 일을 당신에게 들려주는 시골뜨기 청년 디모데의 모습을 상상해보라. 실감이 나는가? 뿐만 아니라 디모데는 아테네가 어떤 도시인지도 다른 일곱 동료들에게 말해줄 수 있었다. 바울이 세 차례나 고린도를 방문했던 이야기와 데살로니가교회와 고린도교회가 맞았던 위기, 그리고 자신이 그 사건들에 어떻게 결부되었는지도 그가 동료들에게 말해줄 수 있는 독특한 경험이었다! 이후 디모데는 자신의 예루살렘방문과 로마방문에 대한 경험도 동료들과 나누게 될 것이다.

가이우스 : 갈라디아에 위치한 더베교회 출신. 그는 더베교회에 대해 다른 일곱 동료들에게 말해줄 수 있었다. 더베교회가 어떻게 심겨졌으며 성장했는지를 처음부터 잘 알고 있었기 때문이다. 바울과 바나바가 교회를 세운 후 곧 바로 떠났을 때의 심정이 어땠는지, 예루살렘에서 내려온 할례당들의 도전을 교회가 어떻게 이겨내고 살아남을 수 있었는지도 말해줄 수 있었다. 무엇보다 한 교회가 그 교회를 세운 교회개척자(바울)로부터 편지를 받고 재방문을 받는다는 것이 어떤 의미인지를 다른 동료들과 나눌 수 있었다.

베뢰아의 **소바더**도 다른 동료들에게 들려줄 자신만의 이야기가 있었다 … 유럽스타일의 교회가 어떤 것인지!

북 그리스도 출신의 **아리스다고**와 **세군도**는 데살로니가교회만의 스타일이 어떤 것인지를 들려주었다. 이후 아리스다고는 바울이 로마감옥에 갇혔을 당시의 이야기를 사람들에게 들려줄 것이다.

다른 사람들보다 늦게 결합한 **두기고**와 **드로비모**, 이 두 사람은 소아시아 에베소교회 출신이다. (오늘날 우리가 말하는 그 아시아와 혼동하지 마시라.) 에베소 지리에 익숙한 그들은 바울이 여덟 도제들을 이끌고 에베소 외곽 도시들에 교회를 세우려 할 때 그 지역을 상세히 안내해줄 수 있었다.

두기고는 이후 로마 감옥에 갇힌 바울의 모습과, 소아아시의 여러 교회들 곧 골로새, 히에라폴리스, 라오디게아 교회를 방문한 자신의 경험과, 그리스 빌립보지역과 그곳의 교회를 방문했던 이야기, 무엇보다 골로새 지방의 세 교회를 세운 '에바브라'에 대해 새로 알게 된 이야기들을 사람들에게 들려줄 것이다.

드로비모는 에베소훈련생활을 마치고 바울과 함께 예루살렘을 방문했다. 그리고 거기서 벌어진 폭동과 바울의 체포, 가이사랴 감옥에 투옥되는 전 과정을 목격하게 된다.(이 사건들의 직접적인 원인이 그로인해 비롯된다!) 그때의 이야기들과 머나먼 달마디아 땅에 보냄받게 될 경험은 드로비모만이 사람들에게 들려줄 수 있는 이야기들이다.

그렇게 이 여덟 젊은이들은 역사상 가장 위대한 교류를 나누었다.

이제 바울이 이 젊은이들을 구체적으로 어떻게 훈련시키는지 들여다보자. 과연 우리가 알고 있는 그 패턴이 여기서도 다시 한 번 발견될까?

멘토 바울

바울이 루스드라에서 돌에 맞고 빌립보에서 채찍에 맞을 때, 그리고 데살로니가와 베뢰아에서 내쳐질 때 디모데는 그 모습을 두 눈으로 목격했다. 끊임없는 문제들로 몸살 앓는 고린도교회에 바울이 어떻게 대응하는지, 그의 사랑, 인내, 용서, 그리고 인생 전반에 걸쳐 맞닥뜨리는 모든 일들을 디모데는 바로 옆에서 지켜보았다. 그 후 바울은 디모데를 에베소로 데려가 훈련시켰다. 그는 바울이 로마 감옥에 수감되는 것까지도 목격했다.

디도는, 바울이 열두 사도들, 유대인들, 예루살렘 장로들과 유대주의자들을 대면하기 위해 예루살렘에 오를 때 그의 옆을 지켰다. (그는 일찍이 바나바와 바울이 안디옥에 교회를 세우는 모습도 지켜보았다.) 디도는 바울의 제 3차 교회개척 여정의 시작과 끝을 함께 했다. 에베소에서 폭동이 일어날 때도, 아볼로가 고린도교회에 문제를 일으킬 때도 바울 옆에 있었다. 그는 에베소에서 여러 해 동안 바울과 함께 살았다. 바울이 로마에 있을 때도, 에베소에 있을 때도, 고린도, 안디옥, 예루살렘, 그리고 그리스를 벗어나 있을 때도 디도는 옆에서 바울을 지켜보았다.

세군도와 아리스다고는 바울이 데살로니가교회를 세우면서 사람들에게 내쳐지는 모습을 목격하였다. 드로비모는 바울이 예루살렘의 폭도들에게 거의 찢겨질 지경에 이르는 것을 옆에서 지켜보았다.

이 모든 젊은이들이 비범한 삶을 사는 멘토, 핍박으로 점철된 삶을 살아내는 한 사람의 교회개척자와 함께 살았다.

바울이 스트레스와 말할 수 없는 부담감, 삶의 절망, 핍박, 미움, 속임수에 내던져지고 때론 애써 이룬 사역을 송두리째 잃을 위기에 힘들어할 때도 그들은 옆에서 그 모습을 지켜보았다. 한 사람이 맞이하는 가공할만한 역경들. 그들 모두는 이것을 견뎌내는 한 교회개척자와 함께 살았던 것이다. 그들은 기독교사역의 실제가 무엇인지를 극명하게 목격한 사람들이었다.

이는 열두 사도들 역시도 마찬가지였다. 그들도 스승 예수와 함께 살면서 그분을 지켜보았다.

당신이 신학교 교수와 이런 방식의 삶을 살 수 있는가? 당신은 정말 하나님의 부르심을 받은 사람인가? 그렇다면 부디 교회개척자에 의해 훈련받기를 바란다! 부디 당신이 1세기 스타일의 멘토 밑에서 배울 수 있게 되기를!

20
교회개척의 하나님의 패턴

여덟 명의 젊은이들은 각자 자신들의 교회이야기를 다른 일곱 동료들에게 말해줄 수 있었다. 하지만 그에 못지않은 새로운 경험이 될 교회생활을 이제 이곳 에베소에서 "함께 시작"하고 있었다.

처음에는 여섯 사람이 바울과 함께 에베소에 들어왔다. (이후 에베소출신의 두 젊은이가 결합하면서 모두 여덟 젊은이가 바울의 발밑에 앉게 된다.) 요약하자면, 여섯 사람은 (1) 교회가 세워지는 다섯 번의 경험(안디옥교회의 디도, 루스드라교회의 디모데, 더베교회의 가이우스, 데살로니가교회의 아리스다고와 세군도, 베뢰아교회 소바더의 경험을 말한다. -역주)과 (2) 시리아, 루스드라, 더베, 데살로니가, 베리아 지역이 가진 독특한 다섯 문화권(이제 에베소문화권이 더해짐)과 (3) 대여섯 지역의 언어 및 사회관습을 가지고 에베소에 들어온 것이다. 이제 여섯 젊은이들은 완전히 국제적인 그룹을 형성해 낼 것이다!

그들 각자는 다양한 유머, 외모, 그리고 개성을 지니고 있었다.

이제 열두 개의 눈이 이곳 에베소에서 에클레시아를 일으켜 세우는 바울을 지켜볼 것이다. 여섯 젊은이가 또 다른 시작을 함께 공유하게 된 것이다!

에베소에서의 시작은 그토록 엄청난 경험이었다!

모두가 한 사람의 뛰어난 교회건축가, 바울을 주시하고 있었다.

바로 이 방식 외에 교회개척자가 마땅히 훈련받을 다른 방식은 존재하지 않는다!

이 여섯 사람을 주목하라. 후에 에베소사람 두기고와 드로비모까지! 이들은 지금까지 존재했던 모든 신학교와 성경학교의 존립기반을 흔든다.

이들 모두는 이제 훌륭한 배움의 시간을 가질 것이다. 어느 정도로 훌륭한 배움의 시간인가? 그리스도인의 삶을 살 수 있을 만큼 훌륭한! 지금 우리 세대로서는 알 수 없을 만큼 훌륭한! 각 사람은 그들이 자라왔던 교회로부터 이미 그리스도인의 삶을 사는 "방식"을 배워왔고 알고 있었다. 그들은 그 "방식"을 자신들의 교회를 개척했던 교회개척자 바울로부터 배웠다. 바울은 그 방식을 바나바로부터, 바나바는 열두 사도로부터, 열두 사도는 … ! 그리고 이 여섯 젊은이 모두가 이제 한 지혜로운 늙은이 바울에게 『집중 재교육』을 받기 위해 여기 에베소에 모인 것이다! 그들 각자는 이미 평균 5년 이상의 교회생활을 배워오고 있었다.

우리도 그 정도의 교회생활을 해왔다고? 이 사실을 잊지 마시라. 지금 우리 세대로서는 무엇을 말하는지도 모를 그런 교회생활이 존재한다.

이 젊은이들은 우리 세대는 알 수 없는, 아니 지난 천 년 이상 누구도 알지 못했던 방식으로 교회개척자의 길에 들어서고 있는 중이다.

그 패턴!

지금 당장 그 패턴을 되찾아오자!

에베소에서 전개되는 이 방식이 예수 그리스도께서 갈릴리에서 펼치셨던 방식과 기본적으로 일치하고 있다는 사실을 확인하라.

앞에서 언급했던 두 젊은이, 즉 두기고와 드라비모가 에베소에서 이 그룹에 합류한다. 다른 여섯 젊은이들처럼 이들 또한 주님의 위대한 도전을 잇는 삶을 살 것이다.

이 그룹에 포함시켜도 무방한 아홉 번째 사람, 에바브라가 있다. 그는 바울이 방문한 적 없는 조그만 마을, 에베소에서 약 90마일 떨어진 골로새 출신의 젊은이다. 우리는 골로새의 젊은이 에바브라가 에베소를 방문했다가 구원받은 후 고향 골로새로 돌아갔을 것이라고 추정할 수밖에 없다. 이런 추정은 또 한 사람의 골로새 출신, 빌레몬에게도 적용된다. 역시 골로새가 고향인 빌레몬은 에베소를 방문하던 중 바울을 만나 깊은 영향을 받고 구원을 체험한 부유하고 점잖은 신사이다. 에바브라가 골로새에 세웠던 교회는 바로 이 빌레몬의 집에서 모였다.

에바브라를 조금 더 언급하자면 1세기교회역사에서 바울 다음가는 위대한 인물이라 해도 지나치지 않을만한 젊은이다.

이렇게 해서 이방인교회 사역자는 결국 아홉 명이 된다.

안디옥교회 출신의 디도

루스드라교회 출신의 디모데

더베교회 출신의 가이우스

베뢰아교회 출신의 소바더

데살로니가교회 출신의 아리스다고

데살로니가교회 출신의 세군도

에베소교회 출신의 두기고

에베소교회 출신의 드라비모

골로새교회 출신의 에바브라

바울은 이 여덟 명의 도제들을 그의 발길이 닿는 모든 곳으로 이끌었고 나중에는 이방세계 끝까지 그들을 보냈다. 그리고 그들이야말로 우리 이방인들에게 교회와 복음을 안겨주었던 사람들이다.

이것이 전부가 아니다. 그들이 살았던 그 세기가 끝나기 전에 그들을 잇는 다음세대의 일꾼들이 출현한 증거가 있다. 그 패턴을 이어가는 다음 세대의 출현! 누가 이들을 일으켜 세웠을까? 에베소에서 결성된 이 아홉 명의 젊은이들(제 4세대 사역자들)이 바로 이 5세대 사역자들을 일으켜 세운 장본인들일 것이다.

그렇다면 이들은 어떻게 다음세대 사역자들을 일으켜 세울 자격을 얻게 되었을까?

그들을 따라가 보자.

21
5세대 교회개척자들

에베소에서 훈련 받았던 여덟 사람은 이후 에베소에서 나와 로마 전역으로 흩어진다. 그들도 이제 나이를 먹게 될 것이고 그러면 그들도 교회를 세우는 교회개척자가 될 것이다. 그리고 사람들에게 그리스도인의 삶의 방식을 보여줄 것이다. 이후엔 그들의 손으로 새로운 일꾼들을 훈련시킬 것이다.

이 여덟 명의 이방인교회개척자 중 한 사람의 발밑에 앉아 배운다는 것은 어떤 의미일까? 그야말로 엄청난 사건 그 자체이다. 이 여덟 명이 실제로 새 세대의 교회개척자들을 일으켜 세우게 될까? 과연 그들에게 제 5세대 교회개척자들을 일으켜 세울 만한 자격이 있을까? 그 관점으로 몇 사람들만 다시 검토해보자.

디도 : 만약 디도가 한 도시에 들어가 교회를 세운다고 가정했을 때, 그는 무슨 자원으로 그 일을 해낼 수 있을까?

디도는 열두 사도를 알고 있었다! 바나바, 실라, 요한마가와 누가도 알고 있었다. 바울을 잘 알고 있었음은 말할 필요도 없다. 그는 예루살렘을 방문한 경험을 가지고 있었다. 예루살렘에 관한 모든 것을 사람들에게 얼마든지 말해줄 수 있었다. 디도는 또한 안디옥교회가 세워질 초창기부터 그 안에서 성장했다. 그는 바울의 교회개척 여정에도 함께 했다. 고린도교회가 위기에 처했을 때는 그 위기를 극복하는데 일조했다. 디도는 바울의 발밑에서 교회개척자로 훈련받았다. 4년 동안이나 에베소와 그 주변 도시에서 바울과 함께 살았다.

디도가 그리스도인의 삶의 방식을 잘 알고 있었을 거라는 가정은 충분하다. 물론 그는 교회생활도 잘 알고 있었다. 안디옥교회에서 성장했기에 이방인들의 교회생활도 알고 있었고 유대적인 분위기에서 교회생활을 했기에 유대인의 교회생활도 알고 있었다. 그리스와 소아시아의 교회생활도 경험했다. 에베소교회의 개척멤버이기도 하다.

그는 교회개척자의 손에 의해 교회개척자가 되도록 훈련받았다. 아! 그리고 다른 일곱 명의 이방인교회 개척자들을 잘 알고 있었다. 실제로 그리스도인의 삶과 그것을 다른 사람들에게 보여주는 일에 있어 디도만한 적임자는 없을 거라고 확신한다. 우리가 디도의 마지막 모습을 알 수 있을까? 교회를 개척하기 위해 달마디아라는 거친 땅으로 떠나는 것을 끝으로 그는 우리 눈앞에서 사라진다.

디도야말로 제 5세대 교회개척자들을 일으켜 세울 충분한 자격을 가지고 있었다.

디모데 : 예루살렘공의회에 참석한 것을 제외하고는 디도가 가진 모든 조건과 자격을 디모데도 가지고 있었다. 그는 바울의 두 차례

교회개척 여정가운데 중심적인 역할을 해냈다.

이후 바울이 로마감옥에 수감되었을 때도 그의 곁을 지킨다. 디모데가 무엇을 알고 있으며 무엇을 경험했는지, 그리고 어떤 사역에 동행했는지를 디모데후서 3:10-14에서 바울이 요약하고 있다. 디모데는 우리가 주목해왔던 그 패턴에 따라 교회를 세울 충분한 자격을 갖추고 있었다. 디도와 디모데! 이 두 사람이 이후 제 5세대 교회개척자들을 세워냈다는 암시는 충분하다.

두기고, 드라비모, 아리스다고 : 1세기이야기가 종반으로 접어들 무렵, 두기고는 크레타 섬에서 에베소로 파송 받았다. (빌립보, 골로새, 히에라폴리스와 라오디게아교회를 돕는 역할을 훌륭히 해냈던 그는 크레타 섬에서 교회를 개척하던 디도를 대신하여 거기로 보냄 받았다.)

이후에도 교회개척사역을 지속하던 드라비모는 결국 밀레도에서 병을 얻는다.

아리스다고는 여덟 명의 이방인교회개척자들 중 제일 먼저 순교했다.

우리는 디도서 3장 12절의 아데마(Artemas)가 누군지를 알 수 없다. 하지만 제 5세대 교회개척자들이 출현하고 있다는 사실만큼은 거의 확실해 보인다.

디도서 3장 13절에 등장하는 세나(Zenas) 역시 차세대 사역자 중 한 사람으로 봐야 하지 않을까!

이들이 과연 하나님의 백성들에게 예수 그리스도께서 사셨던 그리스도인의 삶의 방식을 보여줄 수 있을까? 바울, 바나바, 베드로, 요한과 같은 교회개척자들에게는 못 미치지 않을까? 이들이 장차 개척하게 될 이방인교회의 성도들에게 그리스도인의 삶을 제시할 수 있을까? 뭔가 부족해보이지 않는가? 과연 이들이 교회생활을 제대로 알고 있을까?

이 사람들이 경험한 교회생활은 우리 생각보다 훨씬 더 다양하고 풍성했다. 수많은 대륙, 전통, 문화와 언어를 넘나들면서 이들은 1세기 그리스도인들 중 어느 누구보다 더 풍성한 교회생활과 그에 대한 깊은 지식을 축적하고 있었다.

만약 오네시보로, 에라스도, 그레스게, 아데마, 그리고 세나와 같은 이름들이 바로 이 5세대 그리스도인 사역자들의 이름이라면, 이들이야말로 예수님, 열두 사도들, 바나바, 실라, 그리고 바울의 유산을 상속한 사람들이다. 뿐만 아니라 1세기 무대가 닫힐 즈음 이방인 교회개척자들의 손에 제 5세대 교회개척자들이 준비되고 있었다는 증거가 된다. 바로 그 패턴, 곧 예수의 방식으로! 우리가 완전히 상실한 그 방식, 곧 하나님의 방식으로!

참으로 믿을 수 없는 대장정이다! 이것이야말로 우리가 이어나갈 유산이며 회복해야 할 모험이다.

1세기스타일의 교회를 일으켜 세우기 위해서는 이들과 같은 훈련을 받고 이들과 같은 자격을 갖춘 세대가 절실하다.

과연 그러한 회복이 우리가운데 주어질 수 있을까?

22
바울의 방식과 예수의 방식으로

패턴의 회복

이 놀라운 드라마, 1세기의 방식, 신령한 패턴을 어떻게 다시 불러올 수 있을까? 이 고대의 방식을 다시 불러오는 것은 쉬운 일이 아니다. 거의 불가능에 가까운 일일지도 모른다. 하지만 시도는 해봐야하지 않겠는가!

이 패턴의 회복을 위해서는 하나님의 부르심을 확신한 젊은이들이 교회생활을 배우고 경험해야 한다! 그들은 그리스도를 알아야하고 그리스도인의 삶을 사셨던 그분의 방식을 알아야 한다.

그러한 사람을 발견하는 것이 쉬울 거라 생각하는가?

대부분의 기독교 사역자들은 그들의 사역을 결코 멈추지 않을 것이다. 절대로 한 교회의 평범한 형제가 되어 교회생활을 경험하려 들지 않을 것이다. 어떤 경우에도! 그들은 그런 제안을 수용할 수 없다. 또 그럴 수 없는 자신만의 굉장한 이유를 가지고 있다. 이미 시작한 학업을 마쳐야 하고 비전을 좇아야 하며 안정된 생활을 지켜내야 한다. 무엇보다 거대한 주류를 형성한 복음주의권기독교 밖으로 걸어 나오는 것은 두려울 정도의 결단을 요구하는 일이다. 과연 기꺼이 그렇게 할 영혼이 있는지 당신이 찾아보라.

핵심은 겸허함에 있다. 그저 평범한 에클레시아의 한 형제로 교회생활을 배울 만큼의 겸손한 영혼을 가진 사람! 기꺼이 배움의 자리로 나아갈 사람! 평신도가 되도록 부름 받은 그 사람을 찾아내라. 누가 그런 사람을 찾아낼 수 있을 것인가?

멀리서 바라보는 사람들은 존재한다. 많은 이들이 고민하고 있다. 많은 사람들이 질문을 던지고 있다. 하지만 얼마간의 교회생활에 실제로 몸담으려는 사람은 극히 드물다. 어떤 이들은 그리스도의 몸 가운데 자신이 노출되는 것을 꺼린다. 제대로 된 교회생활은 그 안에 몸담은 이들을 실제적으로 드러내기 때문이다.

당신은 그것을 용납할 수 있는가? 아니 그렇게 할 용의가 있는가? 실제로 목회를 그만두고 원점으로 돌아가 다시 시작하는 사람들은 계시에 의해 그런 결단을 내린 사람들이다.

그런 이들이 출현하기를 사모하자. 그리스도인의 삶의 방식을 다시 배우는 이들, 유기적인 방식으로 교회생활을 배우는 그런 사람들이 나타나기를 소망하자. 부디 그들이 교회개척자에 의해 훈련받고, 갈릴리 방식[3]으로 그리고 에베소 방식으로 세워지기를!

그들이 하나님의 백성들을 목사들의 발아래 두지 않기를. 그들이

---

3) 예수 그리스도의 훈련방식. -역주)으로, 그리고 에베소 방식(바울의 훈련방식. -역주

없더라도 하나님의 백성들이 교회를 이끌 수 있다는 사실을 신뢰할 수 있기를. 다시 말하면 교회를 세운 후 그들이 자신들의 손으로 세운 그 교회를 떠날 수 있기를. 부디 그들이 순회사역자들이 될 수 있기를.

이러한 새로운 종족의 사역자들이 세워질 수 있는 또 하나의 길이 존재한다.

나는 지금 에클레시아에 속한 평범한 형제들-배관공, 기계공, 요리사, 컴퓨터프로그램 운영자, 물류창고노동자, 현장노동자(결코 성직자가 아닌 사람들!)-이 그리스도인 사역자가 될 가능성을 말하고 있는 것이다. 유기적으로 기능하는 유기적인 에클레시아 안에서 사역자가 길러지는 1세기 스타일의 방식. 우리가 오래전 잃어버린!

하나님, 부디 그 날을 서두르소서.

그렇다. 이런 일은 거의 불가능에 가깝다. 하지만 생명을 걸만큼 가치 있는 모든 일들은 보통 불가능해 보이는 일들이다. 이 일은 거의 불가능해 보이는 일임에 틀림없다.

* * *

내가 지금까지 써왔던 책들은 그리스도의 몸을 이뤄 교회생활을 경험하는 하나님의 백성들이 그들 안에서 일어나는 일들과 그들의 정체성을 정확히 이해하도록 돕기 위한 책들이었다. 이 책 또한 하나님의 부르심을 받은 젊은이들을 돕기 위해 쓰여졌다. 이 책이 그들의 부르심, 그들의 뿌리, 그들이 살아갈 본래의 자리가 어디인지를 비춰 주었으면 좋겠다. 그들의 하나님이 그들에게 주시려고 준비하신 그 본래의 서식처, 그 교회가 발견되는 지점으로 그들을 인도하시길 희망한다.

바울이 여러 교회들에서 차출한 여덟 젊은이들을 이끌고 들어갔던 에베소! 이 책에 다 담아내진 못했지만 그곳에서 전개된 이야기들은 1세기 에클레시아에 대한 기록 중 가장 드라마틱한 이야기이다. 이 이야기가 반드시 알려져야 한다. 그것은 우리 시대가 반드시 경험해야 할 절박한 요소들을 담고 있다.

이 책은 주님 예수께서, 그리고 바울이 어떻게 그리스도인 사역자들을 길러냈는지를 집중해서 다루고 있다. 이 책에 필적할 만한 다른 한 권의 책을 준비하고 있는데 그 책이 완성될 때까지 내가 오래 살 수 있었으면 좋겠다.[4]

하나님의 일꾼들을 세워내는 에베소의 경험들이 부디 당신의 인생가운데 찾아오길 소망한다. 당신이 이 땅에 살아있는 날 동안, 하나님께서 1세기 스타일의 교회개척자 몇 명을 당신에게 보내주시기를. 그렇게만 될 수 있다면, 그리스도인의 삶으로 설계된 그 원래의 "방식"이 어떤 것이었는지, 교회생활이란 것이 본래 어떤 것이었는지, 하나님께서 처음 의도하신대로 양육된 그리스도인 사역자들이

---

4) 그 책에서 우리는 예수님의 방식과 바울의 방식을 좀 더 깊이 볼 수 있게 될 것이다. 나는 그 책에서 (1) 어떻게 그리스도인의 삶을 사는지, (2) 어떻게 에클레시아의 삶을 경험하는지, (3) 어떻게 주님 예수와 바울의 방식으로 기독교 사역자들이 훈련받을 수 있을지를 좀 더 실제적으로 다뤄볼 생각이다.

란 어떤 사람들이며 하나님의 방식으로 훈련된 일꾼들이란 어떤 사람들인지도 우리 지구가 다시 보게 될 것이다!

당신의 인생가운데 삼위일체 하나님의 방식들이 다시 돌아오는 날을 맞을 수 있기를!

하나님께서는 지금도 하나님의 부름 받은 그 젊은이들을 찾고, 다듬고, 깎고 계신다. 그들을 속히 에클레시아의 삶 가운데 보내시고 하나님의 그 패턴을 회복시키시기를!

그렇다면 당신이 해야 할 일은? 교회생활로 돌진하는 것!

23
유기적 가정교회

나는 그동안 가정교회운동에 몸담아왔다. 가정교회 운동은 그 안에 특정한 관리자를 두지 않는 소모임 운동이다. 모임이 성숙한 후에 장로들이 세워지기도 하지만 위기상황 외에는 누가 장로인지 알아볼 수조차 없다. 기독교신앙의 초기 경험으로 돌아가려는 이러한 노력들은 자발적으로 형성되는 하나의 거대한 흐름이다. 그럼에도 나는 가정교회운동의 심각한 결점들을 우려하고 있다.

어떤 결점들을 말하는 것인가? 이 운동을 주도하는 많은 사람들 중에 유기적인 교회생활이라 부를만한 경험을 간접적으로라도 가진 사람들이 거의 없다. 그들은 이론으로 무장한 사람들이다. 이론과 논리로 사역하는 사람들. 그들은 자신들의 생각에 신약성경적 관행이라 여겨지는 성경구절들을 짜깁기하여 그로부터 이론을 도출하고 그 이론으로 운동을 추진하려 애쓴다. (그렇게 세워진 교회는 거룩한 경험위에 서 있기 보다는 인위적으로 뽑아낸 성경구절 위에 유지되는 교회이다.) 이 사람들은 우리가 교회생활이라 부르는 그런 경험가운데서 성장하지도 않았고 그 안에서 살아본 적도 없는 사람들이다. 그들은 성직자/평신도 구조에서 흘러나온 흔적들을 고스란히 가지고 있다. ("나는 가르치고 너는 듣는!")

수많은 담론들이 가정교회운동 안에 존재하지만 그리스도 그 분에 대한 고민은 찾아볼 수 없다. 그분을 깊이 경험할 때 흘러나오는 계시, 그 계시로 인해 펼쳐지는 일이라고 여길만한 것들이 거의 존재하지 않는다. 이 운동이 지향하는 바가 결국 에클레시아로 복귀하자는 것임에도 에클레시아를 말하지도, 에클레시아에 대한 지식도, 에클레시아에 대한 경험도 보이지 않는다. 교회에 대한 깊은 계시가 공유되지 않고 있다는 말이다.

그들은 교회개척자가 절박한 현실에 대해서도 거론하지 않는다. 교회개척자를 출산해내는 환경과 서식지는 오직 교회생활밖에 없음에도 가정교회운동을 이끄는 사람들에게 그런 주제는 별 흥미를 주지 못한다.

주님의 일꾼들은 마땅히 순회하는 사역자들(itinerant workers)이어야 한다는 주제가 등장하면 분위기가 싸늘해진다. 그저 윤리적인 주제들, 제자도, 교회운영, 은사와 예언 같은 요소들을 말하고 싶어할 뿐, 1세기 스타일로 부름 받고 훈련받아 교회개척자로 파송 받는 일이나 그 절박함은 아예 화제에 올리려고도 하지 않는다.

모든 그리스도인 사역자들은 교회개척자에 의해 교회개척자가 되도록 훈련받아야 한다. 현대의 모든 사역자들은 에베소교회 방식에 뿌리를 두고 훈련받을 필요가 있다. 그것이 에클레시아 안에서 하나님께서 일해오신 방식이고 지금도 일하시는 방식이며 앞으로도 유지하실 그분의 방식이기 때문이다. 1세기교회가 우리에게 제공하는 다른 방식은 존재하지 않는다.

(신학교를 사모하고 있는가? 결코 잊지 마시라. 신학교와 같은 교육기관들은 전혀 신약성경에 그 뿌리를 두고 있지 않다. 그리스도인 사역자들은 오직 교회개척자들에 의해서만 양육되었다. 순회하는 교회개척자들! 그들이 교회일꾼들을 훈련시켰다.)

그 패턴은 언제나 동일하다.

오늘의 기독교세계가 이 패턴을 추종하지 않는다면 오히려 그런 현실이 비범한 일이다. 그렇지 않은가?

누구도 관심을 두고 있지 있지만 교회를 개척하는 일과 관련하여 신약성경이 제시하는 관점은 분명하다. 그것은 한 교회가 이 땅에 심겨질 때마다 아주 이른 시간 안에 그 교회를 개척한 사람이 그 교회와 작별한다는 사실이다. 그 교회개척자는 교회가 태어난 후 그리 멀지 않은 시점에 그 일을 실행에 옮긴다. 그리고 이제 막 태어난 그녀의 운명은 오로지 그녀 자신의 손에 위임된다. 그녀는 물속에 가라앉든지 헤엄치든지 스스로 택일할 상황에 놓인다. 교회개척자는 장로나 다른 어떤 지도자도 남기지 않고 그 교회와 작별한다. 이것은 바울의 전 생애가운데 지속되는 패턴이다. 하지만 신약성경 안에 그런 정신이 흐르고 있다는 사실조차 진지하게 인정하는 사람을 나는 만나본적이 없다. 그런 극적인 방식을 따르고자 자신의 삶을 조정하는 사람들은 더욱 말할 것도 없다.

교회를 세우기 전에 먼저 교회생활을 경험하지 않는다면 우리는 그저 이론가들일 뿐이다. 이론이나 정보 외에 줄 수 있는 다른 어떤 것도 소유하지 못한!

이 땅 한 구석에 감히 주님의 교회를 심는 우리들이 그렇게 심겨진 교회를 떠나지 못한다면 … ! 그녀가 그녀만의 특성, 그녀 자신의 살아있는 표현, 그녀 안에 내재된 유전자와 고유한 문화를 스스로 발전시켜 나가도록 그녀 자신의 손에 그녀를 위임하지 못한다면 … ! 우리가 우리의 손으로 일으켜 세운 그 에클레시아 안에 지속적으로 남아 그녀를 조정하고 지도하려 든다면 우리는 유기적인 생명을 소유한 교회를 영영 이 지구상에서 목격하지 못할 것이다.

그런 일은 가능하지 않다고? 이보시라! 바울은 매번 그렇게 했다. 그가 한 교회에 머물렀던 최장 기간은 18개월이었다. 그리고 이후 다른 몇몇 사람도 그의 방식을 따랐다. 그리고 말할 수 없이 아름다운 결과를 빚었다.

사실 우리가 쉽게 간과해버리는 것들 중에 가장 근심스러운 측면이 하나 더 있다. 나는 교회를 개척하는 사람들 중에 영적인 깊이에 관심 있는 사람을 도무지 만난 적이 없다. (“기도, 금식, 성경통독”과 같은 것을 말하는 것이 아님은 모두가 알 것이다.) 영적인 영역에서 그리스도와 깊고 풍요로운 동행이 주 관심인 사람! 그 흔적을 지닌 사람을 볼 수 없다는 말이다. 이 주제를 화제에 올렸을 때 사람들은 별 관심을 보이지 않는다. 아니 무엇을 나누는 것인지도 사실 모르고 있다.

그리스도께서 펼치시는 심오한 일에 대한 무관심!

예수 그리스도를 깊이 아는 일! 그것을 위해 지금 하고 있는 일을 포기하거나 모든 것을 내려놓기엔 사람들이 너무 열심히 뛰어다니고 있다. 우리가 믿음의 유산들을 상실한 이유 중엔 이런 요소들이 중요한 몫을 차지하고 있다.

실제로 누구도 이런 주제들을 작심하고 다루려 하지 않는다. 주님을 깊이 알지 못한다는 사실을 발견하며 토해내는 울부짖음! 십자가를 전혀 이해하지 못하는 자신의 현실을 인정하며 "어떤 대가를 치러도 좋사오니 보여주소서" … 깨어진 마음으로 탄식하는 그런 간절함을 우리가 어디서 볼 수 있는가!

나는 주님 예수 그리스도와의 깊고 지속적인 만남이 가능하다는 사실을 목회하는 사람들 대부분이 모르고 있다는 강한 인상을 받는다. 무엇보다 그런 일들이 존재한다는 사실조차 사람들이 믿지 않는 분위기이다. 주님 예수 그리스도와의 깊은 동행이 실재한다는 사실을 믿지 않는 것, 그것이 우리가 직면한 모든 문제의 원인이고 우리 스스로를 가장 선명하게 드러내는 설명이라고 나는 믿을 수밖에 없다. 만약 그렇지 않다면 우리는 더 심각한 설명에 부딪힌다. 그리스도와의 깊은 동행이 실재함을 믿지도 않을뿐더러 그리스도와 그 분의 십자가를 깊이 아는 것에 아예 관심도 없다는!

교회개척자가 될 사람들을 훈련시키려는 이들은 누구나 이 사실을 분명히 인식해야 한다. 새 세대의 교회개척자를 양육하려는 사람들! 그들은 그 일에 자신의 평생이 소요된다는 사실을 염두에 둘 필요가 있다.

하나님이여! 당신의 부름 받은 이들을 주님을 깊이 아는 일에 굶주린 사람들에게 보내소서.

다시 한 번 말하지만, 주님을 깊이 안다는 것은 성경공부나 기도, 방언을 말하는 것이 아니다. 입술의 설명 그 너머의 영역, 불가시적인 영역, 영원의 세계에서 일어나는 그 무엇을 말하는 것이다.

하나님께서 이 배고픈 이들을 보내실 때, 부디 단순하고 평범하며 평신도의 삶을 살기로 작정한 사역자들에게 보내주시기를! 그래서 부디 그들로 하여금 주님을 더 깊이 알도록 인도하시기를! 부디 그들에게 에클레시아 안에서 에클레시아를 경험하도록 이끄시길!

하나님께서 1세기의 그리스도인 사역자들을 이끌어냈던 원천은 결국 에클레시아였다.

하나님, 다시 한 번 그 일을 이루소서.

24
맺는 말

내가 이 책의 초안을 썼던 것이 내 나이 서른 살 때였다. 그로부터 30여년이 지났다.

이 책이 세상에 나오는데 34년을 기다린 셈이다. 하지만 내가 그 세월만큼 오랫동안 기다려야 했던 다른 한 가지는 사람들을 훈련시키는 일이었다.

나는 최근에서야 한 작은 그룹의 사람들을 불러 모아 얼마일지 모를 긴 기간을 그들과 함께 살기 시작했다. 어느 날 이 사람들은 사역자로 서게 될 것이다. 이 사람들은 모두 평신도 출신이다. 이 들 모두가 에클레시아 안에서 성장해왔다. 이들은 각자 그들이 속해있던 그룹의 추천을 받아 이 모임에 합류했다. (혹시 이들이 자신들의 고향으로 돌아가 다시 그 모임에 합류하길 원할지라도 하나님께서 이들을 불쌍히 여기시기를! 그만큼 그들은 강력한 형제자매 관계가운데 살아왔다. 아주 강력한 형제애!)

이 사람들 모두가 그리스도인 사역자가 되지는 못할 것이다. 아마도 한 두 사람 정도의 교회개척자가 나올 것이다. 그러나 그것은 그렇게 중요하지 않다. 핵심은, 여기 고대의 방식과 유사한 일이 실제 진행되고 있다는 그 사실이다! 새로운 교회생활이 전개될 것이고 만약 하나님께서 허락하시면 몇 차례 더 좀 더 많은 사람들이 이 과정에 참여하게 될 것이다. 그리고 거기서 1세기 스타일의 사역자가 나오게 될 것이다. 그리스도인 사역자가 되기 위해 에클레시아 안에서 성장하며 훈련받는 사람들! 전적으로 새로운, 그리고 혁신적인 방식으로 세워지는 새로운 종족의 일꾼들! 그것을 기대하는 것은 소름끼치도록 흥분되는 일이다.

다만 내 자신이 그들에게 고대의 방식으로 그리스도를 제공하고 있기를 바랄 뿐이다. 나는 그들이 1세기 스타일의 에클레시아를 경험하고 있다고 믿는다. 그들이 경험하는 훈련 안에 우리가 1세기 가운데 발견했던 그 고대의 방식, 즉 창조이전, 하늘의 영역에 속해있던 그 방식이 담겨있다고 믿는다.

다른 지역, 다른 나라 안에서도 복음주의적인 사고방식을 과감히 청산하고 이 기치를 높이든 사람들이 영원에 속한 이 방식으로 돌아오기를 소망한다.

그렇게만 된다면 … 아마도 … !!

우리가 상실해온 또 다른 유산들

우리가 간과했던 기독교 역사

여기 오늘날 복음주의기독교의 근간을 이루는 몇몇 관행들에 대한 새로운 해석을 덧붙인다. 전통적인 기독교역사책에서는 당신이 결코 발견할 수 없었던 사실들! 당신이 이 새로운 해석들을 읽어나갈 때 무엇보다 복음주의적인 사고방식들에 대해 다시 생각해보라. 우리가 신성시하는 그 복음주의적 사고와 관행들이 도대체 언제 어디서 어떻게 우리가운데 스며들게 되었는지를! 그것들 중 어느 것 하나도 1세기 에클레시아를 반영하는 것은 없다. 간접적으로라도!

주의 깊게 들어보라. 거기에선 당신에게 그리 낯설지 않은 목소리가 들릴 것이다. 복음주의권 목사들, 혹은 복음주의권 신학자들의 외침, "우리는 하나님의 말씀에 순종해야 합니다!!"

다음에 나오는 목록들과 그 설명을 다 읽은 후 그것들이 역사 속에 등장한 시간대를 잘 메모해두라.[5] 그리고 당신 스스로에게 물어보라. 우리 복음주의 기독교가 얼마나 성경적인지.

* * *

목사직은 종교개혁의 발명품이다. 오늘날의 목사직과 '조금이라

5) 1세기 기독교의 유산이 아니라는 의미. 역주

도' 유사한 직분은 1세기 기독교에 존재하지 않았다.

장로라는 말은 신약성경에서 열일곱 번 언급된다. 목사직은 단 한 차례 언급된다! 오늘 우리가 목격하는 그 목사와 장로에 견줄 사람을 1세기 기독교인들은 전혀 알지도 못했다.

형제자매애는 130차례나 언급된다! 목사와 장로를 언급한 횟수에 이 사실을 비교해보라. 당신의 생각엔 누구의 손에 교회가 위임되었을 것 같은가? 누가 그 시대 무대의 주역이었을 거라고 생각하는가? 단 한차례 언급된 그 사람? 열일곱 번 언급된 그 사람? 아니면 1세기 사건들에 연루된 수많은 군중들? 130번 이상이나 정확하게 그리고 반복적으로 언급된 그 형제와 자매들이 1세기 교회 무대의 주인공들이었다!

신학교는 1540년, 가톨릭 공의회인 트렌트종교회의에서 시작되었다! 초기 신학교들은 우리가 보통 암흑의 시대라고 부르는 그 시대 가운데서도 가장 암울한 시대에 구성된 커리큘럼에 의존하고 있었다. 개신교 신학교와 복음주의 성경학교들은 1세기 기독교 사역자들이 훈련받았던 방식과 조금도 유사하지 않은 이 암흑기 교육과정을 그대로 모방한 것이다.

성가대! 가톨릭교회의 성가대를 그대로 흡수한 개신교회 성가대는 이교도 신전의 합창단이 그 뿌리이다.

성가대의 리더들(찬양인도자, 예배인도자, 음악목사)은 개신교회가 최근에서야 만들어낸 인물들이다. 이 음악관련 지도자들 중 어느 누구도 신자들의 모임에 유기적인 공헌을 하지 못한다. 그들로 인해 하나님의 백성들은 먼저 찬양을 시작할 수도 없다.

교회건물은 A.D. 327년에 시작되었다. 그 이전엔 그와 비슷한 어떤 건물도 존재하지 않았다. (신약성경 안에 언급되는 모든 교회들은 가정집에서 모였다. 어느 교회도 건물을 가지고 있지 않았다. 하나님이 이 땅에 밀어 올리신 원시교회는 하나의 거실모임 운동-a living room movement-이었다..)

설교는 A.D. 4백년까지 존재하지도 않았다. 그것들은 1500년대 초에 이르러서야 개신교 의식가운데 고정적인 순서를 차지하였다.

한 사람의 설교를 듣기 위해 매 주 한 건물로 들어가는 관행은 A.D. 4백년에 이르러서야 시작되었다. 교회가 소유한 건물에 들어가 1년 내내 동일한 사람의 설교를 듣는 것은 종교개혁 이전엔 결코 존재하지 않던 모습이었다. 루터와 칼빈에 의해 그 개념이 도입되었다.

주일 의식! 당신이 매 주일 준수하는 의식, 즉 주일오전의 예배순서는 1540년경 존 칼빈에 의해 발명되었다.

1세기 신자들은 누구나 찬양을 시작할 수 있었고 서로가 서로를 권면했으며 누구나 주의 말씀을 베풀었고 모두에 의해 그 모임이 빚어졌다.

가정성서반(성경공부)은 1880년대 영국과 북미에서 자리를 잡았다. 감히 이런 생각을 하는 자체가 사람들의 마음을 상하게 만들겠지만! 그럼에도 성경공부를 지지하는 성경적 근거는 없다. 1세기의 성경공부란 곧 에클레시아, 오직 에클레시아, 다만 에클레시아였다. 모든 지식이 교회로 흘러들어와 교회에서 흘러나갔다.

장로직! 안타깝게도 대부분의 가정교회들이 수용하는 장로직은 1840년경 존 다비(John Darby)에 의해 불쑥 침투한 개념이다. 다비가 말하는 장로직 개념과 이로 인해 비롯된 관행들은 그 내용이 어떻든 성경적 지지기반이 없다. (몇몇 성경구절들로 그 정당성을 주장하겠지만 따로 떼어낸 구절들은 어떤 것도 뒷받침하지 못한다! 1세기의 모든 이야기들을 시대 순으로 엮었을 때 거기서 흘러나오는 한 편의 이야기, 바로 그 이야기 속에 다비가 만들어낸 장로직 개념이나 관행은 존재하지 않는다.)

평신도석! 신자들이 앉는 장의자는 교회건물이 출현한 후 그 뒤를 따라 등장한 발명품이다. A.D. 327년경에 첫 선을 보인 평신도석은 등받이가 없는 의자였다. 1500년대에 이르러서야 뒤에 등받이를 부착한 장의자가 나왔다. 그리고 1600년대 오늘날의 평신도석이 개발되었고 1900년대에 쿠션이 부착된 장의자로 발전되었다.

스테인드 글라스 유리창! A.D. 1200년경에 등장하였다.

초교파 선교단체들! 파라처치(para-church)라고 불리는 이 초교파 선교단체들은 와이엠씨에이(YMCA)와 기독학생운동(Student Christian Voluntary)을 필두로 조직되기 시작했다. 존 모트(John R. Mott)와 무디(D.L Moody)가 만든 이 단체들은 당대에 활발히 전개되던 "기독교 고아원"에서 그 단서를 얻었다.

이 시대의 사고방식은 신약성경을 자세히 들여다보고 그 모든 페이지에서 복음전도 사건을 찾아내는 것이었다. 그러는 사이 에클레시아는 완전히 덮여버렸다.

이 모든 관행을 그대로 수용하는 오늘날의 복음주의적 사고방식은 너무 깊숙이 우리 가운데 뿌리를 내려 이 우주가 해체될 때까지 존재할지도 모른다. 이 사고방식이 미치는 영향력은 실로 지대해서 우리는 1세기 교회를 전혀 따르지 않으면서도 1세기 교회를 증언하는 신약성경을 공부한다. 물론 그 대신에 우리는 1세기 교회가 전혀 하지 않았던 어떤 일을 하고 있다! 무슨 일? 앞에서 언급한 목록들에 등장한 그런 일들! 그것은 거의 묘기에 가깝다! 복음주의적 사고방식, 그리고 1세기에 존재하지도 않았던 일들을 신약성경에서 찾아내는 복음주의의 능력은 실제로 처음 기독교의 속살을 만지려는 모든 신자들의 희망을 차단한다.

그것이 바로 1세기 교회에 존재했던 모든 일들이 사람들의 시야에서 사라진 이유이다. 그리고 그것이야말로 기독교가 상실한 유산들이다. 우리들의 시야에선 사라졌지만 신약성경 안에는 분명히 존재하는 유산들!

우리는 신약성경의 모든 말씀을 장과 절로 구분해놓았다. 그렇게 잘라놓은 장과 절에는 아라비아 숫자를 메겨놓았다. 온전한 한 편의 이야기에서 단절된 그 장과 절은 오늘날 아주 유용하게 사용된다. 어떻게? 나의 의견에 동조하지 않는 사람들을 무자비하게 공격하는 도구로!

바울 서신의 순서들

바울의 편지를 신약성경 안에 배치할 때, 루터는 그 서신들이 원래 기록된 순서대로 배치하지 않았다. 대신 자신이 좋아하는 교리적 내용을 각 서신들이 얼마나 많이 담고 있느냐에 따라 그 순서를 배치하였다. 당신이 이 편지들의 원래 순서를 알게 된다면 루터의 기괴한 방식에 아연실색할 것이다. 바울이 쓴 편지들은 그것이 원래 기록된 순서가 아닌 완전히 뒤죽박죽 된 상태, 즉 6, 4, 5, 1, 8, 10, 7, 2, 3, 12, 11, 13, 9의 순서로 배치되었다.

루터의 손에서 배치된 순서대로 바울서신을 놓고 읽는다면 우리는 1세기 기독교에서 실제로 일어났던 사건들을 전혀 연결할 수도 없을뿐더러 결코 그 실제 분위기를 감지하지 못할 것이다.

1세기의 이야기

1세기 교회 전체의 이야기를 말해주는 어떠한 책도 지금가지 존재하지 않았다는 사실을 당신은 알고 있는가? 기독교에 대해 쓴 수백 만권의 책들 가운데, 신약성경 전체 사건을 한 편의 온전한 이야기로 엮어 그 이야기에 나머지 장과 절을 복종시킬 필요를 역설한 책은 없었다!

만약 신약성경에서 한편의 온전한 이야기가 흘러나오고 그것을 당신이 읽게 된다면 현대의 목사직, 교회빌딩, 예배의식, 초교파 선교단체들, 그리고 오늘날 초대교회의 관행으로 알고 우리가 태연히 행하는 모든 기독교 액세서리들은 그 근거를 잃게 될 것이다. 무엇보다 그 온전한 한편의 이야기 안엔 복음주의적 사고방식의 토대가 전혀 존재하지 않는다.

필요한 성경구절을 뽑아내 우리가 현재 행하는 관행들의 정당성을 확보할 수는 있을 것이다. 그러나 이야기는 현대 복음주의 관행을 지지하지 않는다.

도대체 그 이야기란 무엇인가? 그 안엔 무슨 내용이 담겨있는가? 그 이야기속의 실제 주인공들은 누구인가? 여기서는 그 이야기를 얼핏 소개하고 넘어갈 수밖에 없지만 언젠가 그 온전한 한 편의 이야기를 당신에게 들려줄 날이 올 것이다.[6)]

우리가 현재 행하는 믿음의 방식들은 하나님의 방식이 아니다.

우리는 그분의 방식을 무시해왔다. 이제는 역으로 우리가 행해왔던 그 방식들을 무시할 때가 되었다. 그리고 하나님께서 행하시는 그 방식으로 돌아갈 때가 되었다.

그 방식들은 우리에게 돌아올 준비를 마치고 우리를 기다리고 있다. 하나님께서 그 날을 서두르고 계신다!

---

6) 그 온전한 한편의 이야기를 다룬 저자의 책이 이미 출판되었다. *Revolutionary Bible Study*, 『유기적인 성경공부』(도서출판 대장간. 박인천 역). 역주

우리가 애써 눈감아왔던 바로 그 사실들

지역교회를 초월하여 사역하던 교회개척자들! 그들의 손에 지역교회 장로들이 임명되었다는 사실을 우리가 인정한다면 장로들에 대한 오늘날의 개념은 설 자리가 없어진다. (또 마땅히 그래야 한다.)

사도행전을 좋아하는가? 그렇다. 그 책은 지역교회에서 목회하는 담임목사들의 이야기가 아니다. 지역교회를 초월해 존재하던 사람들, 지역교회를 넘나들며 사역하던 바로 그 순회교회개척자들(itinerant church planters)의 이야기이다. 오늘날엔 사라져버린!

갈라디아서를 좋아하는가? 이 책은 한 개인에게 보낸 서신이 아니다. 한 교회-한 몸을 이룬 공동체-에 보낸 편지이다. 이 편지를 기록한 사람도 지역교회 담임자가 아니다. 순회하는 교회개척자가 이 편지를 썼다. 이 편지를 받아 읽었던 사람들도 개인이 아니었다. 그 수신자는 에클레시아였다. 한 몸으로 기능하며 교회생활이 뭔지를 표현하는 에클레시아! 그 에클레시아에서 벗어나 개인의 영적 경건을 추구하는 그리스도인과 이 편지는 아무런 상관이 없다. 이 편지를 쓰려고 펜을 들었을 때, 최소한 저자의 머릿속에는 한 개인의 영적 경건을 돕겠다는 생각이 없었다. 이 책은 교회생활을 경험하는 에클레시아 공동체에 보낸 편지인 것이다.

당신이 좋아하는 말씀이 데살로니가 전후서인가? 이 두 권의 책 역시 지역교회 담임자가 아닌 교회개척자가 에클레시아에 보낸 편지이다. 이와 직접 관련이 있는 수신자들은 누구인가? 이미 위에서 언급한 그 에클레시아이다.

당신이 좋아하는 성경이 고린도전후서인가? 이 두 권의 책도 지역교회 담임자가 아닌 순회교회개척자에 의해 에클레시아에 보내진 편지이다.

로마서가 마음에 드는가? 골로새서, 에베소서는 어떤가? 빌립보서는 또 어떤가? 위에서 언급한 책들과 동일하다.

디모데전서, 디도서, 디모데후서, 이 세 권의 책들에는 목회서신이라는 엉뚱한 이름이 붙어있다. 이 책들은 한 늙은 교회개척자가 두 젊은 교회개척자에게 보낸 편지이다. 루터가 오늘날의 목사직 개념을 만들어내기 전까지 이 세 권의 책들은 결코 목회서신으로 불리지 않았다.

베드로전서와 후서는 어떤가? 한 유대인 교회개척자에 의해 유대인 교회들에 보내진 편지이다. 바로 자신이 심었던 유대인 교회들에 보낸 베드로의 편지인 것이다. 교회개척자가 교회에 보냈던 편지들! 편지를 썼던 그들은 "몸"을 이뤄 함께 살아가는 형제자매들 외에 다른 어떤 환경이나 대상을 염두에 두지 않았다.

우리는 이런 명백한 사실들을 애써 얼버무리려 한다. 그러나 이 모든 요소들이 결코 무시할 수 없을 만큼 중요한 것들이라면, 그리고 그것이 사실이라면 우리는 순회교회개척자 밑으로 돌아가야 한다. 현대의 목사직과 그 기능은 폐기되어야 마땅하다.

실제로, 처음부터 완전히 다시 시작해야 할 그 기로에 지금 우리가 서 있다.